自分に「いいね！」ができるようになる本

臨床心理士
玉井 仁

漫画・丸橋加奈

清流出版

まえがき

朝、目が覚めた時、気持ちよく「今日は…をしよう」と思えているでしょうか。

「今日も…しなきゃ」と一瞬頭に浮かぶけど、そんなことを考えて、気が重くならないように、さっと体を起こしてしまう、という人もいるでしょう。または、このところ気がかりなことや、苦手な人との関係が頭に浮かんだりして、早々に気持ちが沈み始めてしまう人もいるかもしれません。

人は、つらい状況に陥ってしまった時、「どうしたらいいんだろう」「私が…だから悪いのかな」「あの人が…してくれたらよいのに」といった考えがぐるぐると回り、離れなくなることがあります。まるで、無限ループの中に入ってしまったみたいに。

世の中、自分の思い通りに動くもの、なんて子供じみた期待をしているわけではありません。そんなことはとっくに分かっています。

そんな中でも多くの人は、生活を続けないといけない、仕事を続けないといけない、人間関係を続けないといけない、と思ってがんばっているのではないでしょうか。**私なりにはがんばっている、という人は多いと思います。それでもなぜか、うまくいかないことが多い、と訴える人は少なくありません。**

がんばっている自分に対して、「よくやっているな」「前よりも、よくなっているところも多いなぁ」などと感じられていれば、嬉しいですよね。一方、がんばっているのに、「何だかうまくいっていない。なぜだろう」「なぜか、問題が長く続いている」「うまくいかない波が、繰り返しやってきて、それに振り回されてしまう」といったことを感じている人もいるでしょう。何かしら悪循環に陥ってしまっているのか、はっきり分からない。はっきり分からないからこそ、苛立ちも不安も止まりません。

私が心理相談室の中で聴かせていただくお話の内容は、仕事、人間関係、家族のことから自分の性格についてなど、本当に多岐にわたります。**いらっしゃる多くの方の頭の中は、悪循環のようにぐるぐると回り続ける考えに影響され、自分や状況に対して、肯定的な感覚がなくなり、否定的な見方から離れられなくなってしまっています。**

「大変だけど、何とかなるかな」ではなくて、「もう終わりだ」と思ってしまいます。「自分もよくがんばったな、こんな自分も好きかな」ではなくて、「自分に問題がある、自分のことが嫌い」といった考えにとらわれてしまっているのです。

自分の置かれた状況が、期待したように進んだ、受け入れられる形になった、という場合には、「よかった」と安心した気持ちになれます。そのような期待した結果にならなくても、「まぁ大丈夫」と思えている時はよいのですが、苦しくなるとそのように思えず、不安定な気持ちに陥ってしまいがちです。

カウンセリングでは、相談にいらっしゃるクライエントとカウンセラーが力を合わせ、一緒にうまくいっていない状況を振り返り、整理しながら検討を進めていきます。その取り組みの過程では、大丈夫なこと、肯定的なことを探して確認し、支えとすることは大切です。日常生活の慌ただしい中では、不安定になってしまった心を、誰かに無条件にしっかりと支えてもらうことはなかなか難しいものです。そんな中で立ちはだかる嫌なことや、嫌になってしまっている自分を振り返りたくない、そしてそんなエネルギーは残っていない、という悪循環が続いてしまいがちなのです。

では、どのようにすれば「自分の思い通りにならなくても大丈夫」と思えるようになるのでしょうか。自分に対して「いいね！」と思えるようになるのでしょうか。カウンセリングに来るのも、一つの方法だと思います。ただ、必ずしもそのような機会に恵まれ、そこで自分に合ったカウンセラーに出会えるとは限りません。

だからこそ、この本ではそのことについて考えてみたいと思います。

様々な苦労を乗り越えてきて、今は落ち着いた、という方の話を伺っていると、「だいたい最後はこうなるのかな」という落としどころが、思い通りにいかない中でも見えているようです。そして、思い通りになっていないことを無理やり肯定しようと力むこともなく、「人なんて、そんなもんだよ」と素朴に語りながら、自然体の自分を受け入れているように見えます。

様々な体験を積み、乗り越えてきた中で、余裕が生まれてきた、ということでもあるでしょう。

この〝余裕〟には表と裏とも言えるような、二つの側面があります。一つは、「いろいろあるけど、何とかなるかな」と思えること。この時には、「いろいろある」ことは自然なことだし、それに自分は耐えられるし、対処できるだろう。大変なこともあるけど、「何とかしよう。何とかなるんだ」というように、自分ができることに力を尽くしながらも結果を受け止められる、つまり自分を受け止めている、ということなのです。

もう一つは、「どうせ、何とかなるんでしょ」と思うことです。自分ができることはない、または何をすればよいのか分からない。何もしなくたって、何とかなるんでしょ、という姿勢です。

二つの言葉を比べると、似たように聞こえるところもあるかもしれませんが、その違いは明らかですね。後者は、「どうせ」私ができることは限られているし、「何とかなる」んだろうから、何をやっても仕方ないかな、と投げやりになってしまっています。自分を受け止められず、というよりも、斜に構えてニヒリズムにとらわれてしまっている、ということかもしれません。

「大丈夫」と感じられ、自分の心が温まっている状態に、自分を近づけていきたいものです。「どうせ」と投げやりに考えて自分の心を冷やしてしまわないようにする。

心の仕組みを知り、取り組みを始めることで、自分で心をケアできるようになりたいものです。

この本では、先程も述べたように自分に「いいね！」をする、言い換えれば「自分を大切にする」ということについて考え、取り組みを示していきたいと思います。

「自分を大切にする」ことができていれば、物事に一喜一憂しない、嫌なことが起こらない、なんて非現実的なことを言うつもりはありません。嫌なことがあれば、嫌な気分になるのは、避けられないことです。**嫌なことをなくすにはどうすればよいのか、ということではありません。嫌なことがあっても、または嫌な気分になっても、「大丈夫」と思えるようになる。自分にもいろんな側面があるけど、自分の心の根っこのところで「自分が好き」と感じられると「いいね！」と思えるようになるのです。**

少しずつ、「自分が好き」という気持ちが育っていき、より深く自分や人を愛しく感じられるようになる。そんな感覚の根っこが大きくなってくると、よいことに対しても、嫌なことに対しても、感じ方が変わっていきます。その時には、目先のことだけではなく、中長期にわたっての視野が広がったり、不安なことにチャレンジする勇気も出やすくなります。自分の弱いところや困ったクセなども、あまりストレスなく自然に受け止められたりもするでしょう。

自分のことを大切にすること、言い換えれば自分を肯定することが難しくなったのは、子供の頃に親が自分を無条件に愛してくれなかったからだ、という話もしばしば耳にします。しかし、子供の頃に「愛してもらったかどうか」ということだけで、その後の人生の全てが決まるわけではありません。

この本を通して一歩一歩、一緒に「自分を大切にする」ことについて考え、自分に「いいね！」と思えるようになるために取り組んでいただければ、とても嬉しく思います。

自分に「いいね！」ができるようになる本　【目次】

第1章 心がなぜか満たされない状況

第2章 心の潤いを教えてくれる感情

第3章 自分を大切にするための工夫

第4章　少しずつ、無理なく、取り組む

「あなたのための」ワークシート

第1章

心がなぜか
満たされない状況

ちゃんとがんばっているのに、何か苦しい…

カウンセリングで多い相談

人にとって、「悩み」があることは必ずしも不幸なことではありません。例えば「恋愛」などは、楽しみと不安が入りまじったものですよね。
悩みと苦しみは、セットになることが多いものの、実は「悩み」自体は必ずしも「苦しみ」に直結してはおらず、「悩み」＝「苦しみ」ではないのです。

ここでは、カウンセリングでよくある相談を少しまとめて、三人の女性に登場してもらいます。優香《ゆうか》さん（二八歳・美容関連会社ＯＬ）、美羽《みわ》さん（三一歳・雑貨店勤務）、陽子《ようこ》さん（三八歳・化粧品原料メーカー勤務）、の三人の漫画を見ていただきます。三人は特定のモデルがいるわけではありませんが、生きづらさを訴える人たちの代表的な特徴を持つキャラクターです。

三人とも、様々な状況でがんばって活動しています。それにも関わらず、三人それぞれが、何かうまくいっていないような気持ちが続きがちのようです。

ちゃんとがんばっているのに、苦しいのはなぜ？　一体、何をどうしたらよいのか分からない、と言ってもよいような状況です。どうしてこうなっているのか原因が分からない、どう対処していけばよいのか対策も分からない、混乱して悩みが一層深くなっている……、そんな三人の例をご覧ください。

case1
自分にOKが出せない優香さん

私っていつも
こうだわ…
今回のことも
お客様が納得して
くださって
安心したのに…
上司や同僚達が
認めてくれるのも
嬉しいのに…
こんなに不安で
満たされない
気持ちが続くのは
どうして…!?
…この前だって
その節は
大変お世話になりました
これ…
お客様からの
お礼状…!
よかったぁ…
うれしい…!!
数時間後
でもそんな気持ちも
すぐに不安に変わって…
冷々。

嬉しかった気持ちも
すぐ冷えてしまう
………
なぜ……？
…本当に
あれでよかったのかしら…？
「よくできたこと」は「よかったこと」としておければいいのに
よかった～
でも……
時間が経つにつれて…
はぁぁぁぁ
冷水
本当によかったのかしら…
実は全然よくなかったんじゃ…
もっと他にいい方法があったんじゃないかしら…？
どうしても否定的な考えに支配されてしまって苦しい……

case2
人のことを気にしすぎて疲れてしまう美羽さん
化粧品で肌トラブル？ その会社にクレーム入れた方がいいわよ！
ふ…
風間《かざま》 美羽《みわ》 (31)
雑貨店勤務
で でも もう何ともないし わざわざ電話なんて…
何言ってるの！ こういうことはちゃんとしておかないと！
…クレームなんて嫌だったけど お母さんは私を心配して言ってくれたんだし…
でも 電話で詳しく話してくれた社員の人すごく恐縮してたし 悪かったかなあ…
申し訳ございませんでした!!
あんたは他人に気を遣いすぎなのよ!!
母
グサ
グサ

だって相手を不快な気持ちにさせるのは嫌だし…
私と一緒にいてよかったって思ってほしい
でも 私…
気を遣いすぎて疲れてる……？
そういえばこの前も彼に…
美羽はよそよそしいよ
え…
MENU
そんなに俺に気を遣わなくていいから
もっと自由に気持ちを言ってよ
自由に気持ちを…？
そう言ってくれるのはとても嬉しい…
でも自由にって…どうやって…？
ビュウウウウウ

思い切って彼に
愚痴を聞いてほしいと
思っても…
…あ!
ごめんね
今家?
大丈夫?
…うん
大丈夫だけど
ごめんね まだ
帰ってきたばかりだよね
疲れてるでしょ?
早く寝て!
いけない…
声が疲れてる
いいよ
何か話がある
んだろ?
うう〜ん
ううん
大したことじゃ
ないからいいの
はあ?
それより
この前話してた
映画どうだった?
え
あああれ
よかったよ
演出がさー
自由に自分の気持ちを
表現するのは難しい…
やっぱり無理!
でも 自分の気持ちを
他人と共有できないのも
寂しい……

case3
思い通りにならないことが許せない陽子さん

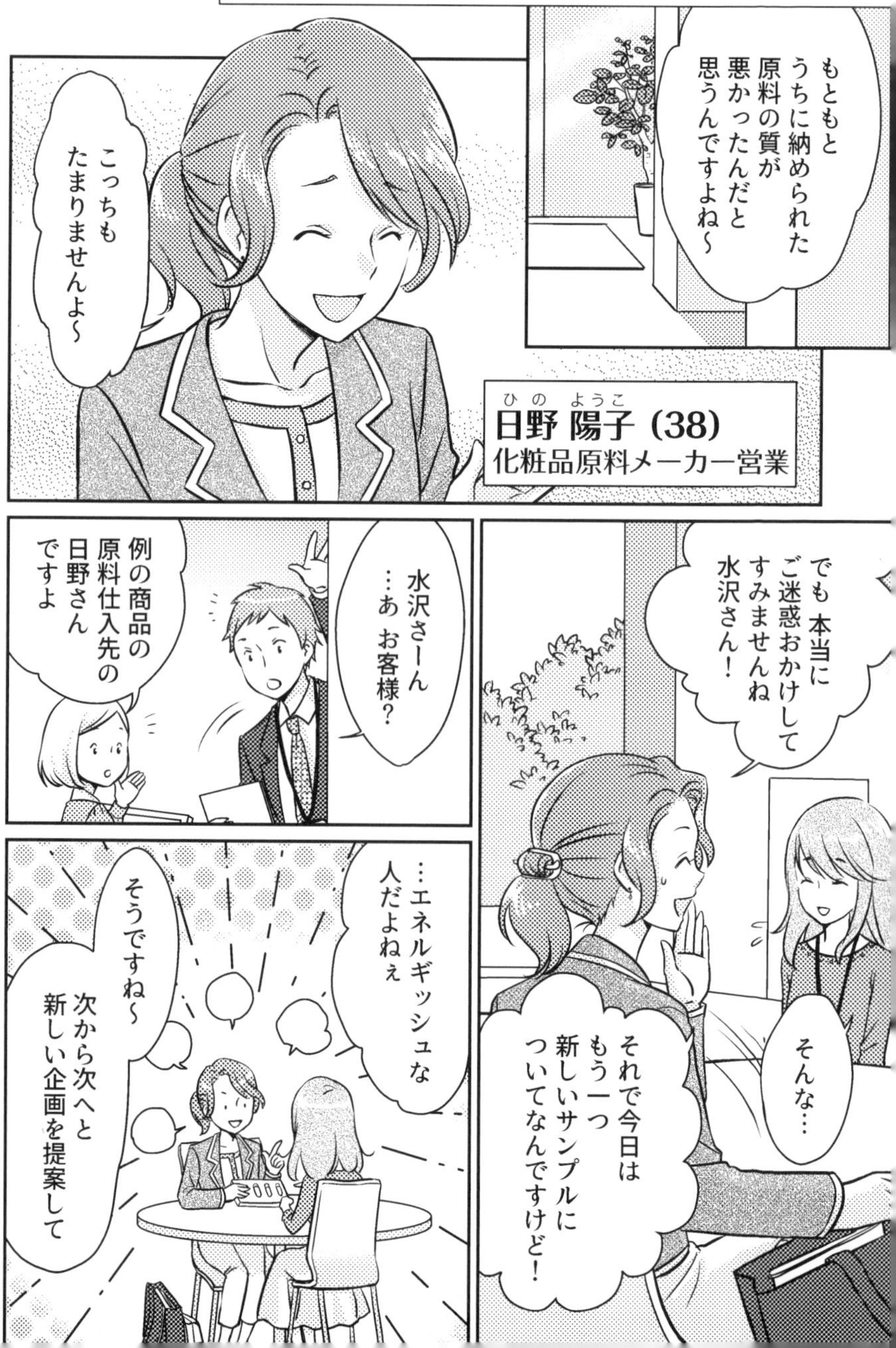

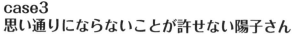

カッ カッ
まったく たまったもんじゃ ないわよ！
私のせいじゃないのに わざわざ謝りに行って
悪いのは 工場の方じゃない
私は ちゃんと 発注したわよ!!
新しいサンプルも 色々売りこんで きたけど
ブツブツ
私は がんばっている のに…！
とにかく いつも周りの人に 足を引っ張られる のよね！
この間 珍しく 家族で出かけた時 だって…
あー 楽しかったねえ
ママ〜もっと 遊びたい！
もー しょうがないなあ
バスの時間は…

でも 確かに
楽しかったし…
そうだ!!
ねえ
明日は日曜だし
今日は泊まりに
しない?
そうしたら
もっと遊べるし
ええっ
だめだよ
明日は家で
仕事したいし
…
急すぎるだろ
あなたって いつも
自分の都合ばかり
優先して 決めつけて
くるわよね!!
え〜…
仕方ないだろ
仕事なんだから!
むっかあああ
ゴオオオ
せっかく みんなで
楽しく過ごそうと
思ったのに!
私の周りの人たちは
わかってくれない!!

満たされない気持ちが続く優香さん

漫画で見ていただいたのは、優香さん、美羽さん、陽子さんのそれぞれの日常の一場面です。

優香さんは、自社の美容商品についてのクレームを訴えるお客さんが続出し、その対応を続けていました。

優香さんは、化粧品などの健康・美容に関する商品を製造・販売している中堅の会社で、お客さんからの要望に応じる対応業務と、事務業務をこなすＯＬです。二〇代後半になり、職場でも経験を重ねてきて、先輩として期待されてもいます。実際に、今回の大事となった商品のトラブルでも、お客様対応では中心となって取り組むなど、結果も出しています。

それにも関わらず、優香さんはなぜか満たされない気持ちが続く、というのが悩みなのでした。

実際に、お客さんが納得してくれた、対応がちゃんとできた、という時には、ほっとしています。そして、上司も周りの人も認めてくれているんだな、ということを感じられた時には、嬉しくなります。ただ、しばらくすると、よかった、嬉しいという気持ちもなくなって、別の対応をしたほうがよかったのではないかと、不安な気持ちになってしまうのです。

以前も、対応したお客さんからお礼状が届き、それを読んだ時にはとても嬉しくなったのですが、しばらくすると、そんな気持ちも冷めてしまいました。よくできたことはよかったこと、としておければよいのですが、時間が経つにつれて、「本当によかったのだろうか」「実はよくなかったのではないだろうか」と考えてしまい、落ち着かない気分になってしまうということのようです。

人に気を遣ってばかりの美羽さん

家で一人になったタイミングで、「ふーっ」と深いため息をついているのは、美羽さんです。実は、美羽さんも普段から優香さんの会社の商品を利用していて、今回の商品のトラブルについては、「ちょっと迷惑だな」と思った一人なのです。実際に、家族から「購入先に電話してトラブルを訴えたほうがいいから」と言われ、確認のために問い合わせもしました。

美羽さんは、「何とかしてよ」と強く文句が言えませんでした。**できるだけ穏やかに、笑って物事を終わらせたい、というのが本音です。家族や親しい人にも気を遣うタイプなのです。**本当は今回の商品のことでもわざわざ電話なんてしたくなかったのですが、お母さんから言われたので、「お母さんは私のことを考えて言ってくれているんだから、その気持ちを大切にしないのは悪いな」と思って、電話したのです。

実際にその電話をした時に一緒にいた友達にも、「そんなに相手に気を遣わなくていいいんじゃないの。あなたは悪くないいんでしょ」と言われてしまったのでした。**美羽さんは、一緒にいる相手にとってはとても楽だと感じさせる人なのですが、本人は人のことを気にしすぎてしまい、内心疲れてしまうことが多いようです。**

将来的に、結婚したいと思っている彼氏もいるのですが、その彼氏に対しても、気を遣ってしまいます。彼氏が「もっと自由に気持ちを言ってよ」と言ってくれることに対しては、「分かってくれる感じ」がして嬉しいのですが、実際に相手の反応にあまり過敏にならず、自由に自分の気持ちを表現するということには、難しさを感じています。

美羽さん自身、人とよい関係を築こうと気をつけてしまうことが習性となっているので、感じたことを自由に表現することができません。**相手によかれと思って振舞っているのですが、自分が疲れてしまいます。そして結果として自分の気持ちを人と共有できずに、心に一抹の孤独の風が吹いている、ということのようです。**

思い通りにならないことが許せない陽子さん

優香さんの会社にやってきて、「すみませんね」と言いながら、「もともとうちに納められた材料の質が悪かったと思うんですよね。こっちもたまりませんよ」と文句を言い続けているのは、今回問題となった商品の材料を納入している会社から来ている陽子さんです。

陽子さん自身、今回の材料の納入を担当しています。今回のトラブルでは、優香さんの会社に迷惑をかけてしまった、という少し肩身の狭くなるような気持ちを体験しました。

陽子さんは、自分で「アラフォーでシングルマザーになりかけなのよ」、と冗談なのか本気なのか分からないような、自分の日々のきわどい状況を話題にしているとてもエネルギッシュで活発な人です。優香さんの会社にもちょくちょく顔を出しては、商品についてもいろいろなアイデアを出して、賑やかに話をしていきます。

仕事熱心で、楽しいことや新しいことが大好きでいろんなことにチャレンジしていくタイプです。ただ、目先のことにとらわれる傾向が強いのか、思い通りに物事が進まない時には激情的に反応し、何かを責める、という行動パターンになってしまうようです。

以前、家族で遊びに出かけた時にすごく楽しく過ごせたので、日帰りの予定を「泊まりに変更して遊ぼう」と夫に提案したのに、「今日は帰ろう」と言われ、その発想にストップをかけられてしまいました。そして夫に対して、「本当に、自分の都合ばっかり優先して、決めつけてくるのよね」と文句を言っていました。

よく、「私はこれだけ一生懸命やっているのに、いつも相手には恵まれない」と、その時々で、問題になっている件に関わっている人、自分の楽しみを邪魔していると みなした人たちについて「あの人たちは分かっていない」と愚痴をこぼし続けているようです。

優香さん、美羽さん、陽子さんは、私たちの周辺にいるような、普通の人たちです。

それぞれ、自分自身について多少振り返れてもいますし、今の状況で何とかしようとがんばっている人たちです。それなのに「何で自分はうまくいかないんだろう？」という状況が続いてしまっているようです。

さて、ここから、この三人が陥っている状況を整理してみましょう。

整理して、観察する

感情の動きを観察してみる

ここでは、優香さん、美羽さん、陽子さんが日々の中で体験している様々な瞬間の中から一コマを取り出して、それぞれのとらえ方や感情を整理してみたいと思います。

何か問題を解決したい時に、まず「何が起こっているのか」「どのような状況になっているのか」を確認するというステップを踏むことが必要だと思います。状況が混乱している時こそ、改めてその状況を整理して見てみよう、確認しておこう、という姿勢が大切ですよね。

このような整理をすることにより、行き当たりばったりのストレス対処ではなく、丁寧にその状況を見た上で、具体的な対策を考えることができるようになります。次のページで、実際に、優香さん、美羽さん、陽子さんが直面している状況を具体的に切り出して、整理してみようと思います。

ここでは前述の一コマを整理する道具として、実際の心理カウンセリングにおいて活用することのある、状況確認シートというものを利用して、それぞれの状況を確認していきたいと思います。

優香さんの状況確認シート

状況・出来事（事実）

上司にトラブルの報告ができた、一週間後、一緒にいる同僚たちが、「あれは大変だったけど、よくやったよね」と笑顔で振り返っている

思考・イメージ

・あれでよかったのかな。もっとよい方法はなかったのかな
・みんな笑っているけど、私の心の中には笑えない自分がいるんだよな

行　動

とりあえず、笑顔でその場を取り繕う

感情・気分

罪悪感　不安

身体・感覚

・特に大きな感覚への違和感、気づきはないが、いつも追い立てられている感じ
・今ひとつ熟睡できない

美羽さんの状況確認シート

状況・出来事（事実）

夜、付き合っている彼と、電話で話した時に、少しストレスであった電話の件を話したいなと、思っていたけれども、相手も疲れた声だったので、相手の話を聞くことに徹した

思考・イメージ

・（彼は）大丈夫かな、元気になってほしいな
・（彼は）疲れている時には、ストレスの話なんて聞きたくないよな

行　動

相手が望んでいるだろうと思われる話をした

感情・気分

心配　不安

身体・感覚

・疲労感
・少し体が重たい

陽子さんの状況確認シート

状況・出来事（事実）

家族で遊びに出かけて、みんなで楽しく過ごせたので、予定を変更して日帰りを泊まりにしよう、と訴えたが夫に却下された

思考・イメージ

・よい案を出したのに、反対するなんておかしい
・家族で仲よくやろうと思ったのに
・夫は私とうまくやろうと思っていないに違いない
・やっぱり私と夫はうまくいかない

行　動

・夫、子供に何を言われても無視
・だんまり

感情・気分

怒り　悲しみ

身体・感覚

・体が熱くなる
・神経が過敏になる

自分を客観的に見つめる

いかがでしょうか。

状況を整理するのに、このようにそれぞれが体験した出来事の一コマを具体的に文章化し、その状況下における当事者の内的・外的体験を書き出していくのです。つまり、ストレスを感じた時に心の中に浮かんできたこと、「つぶやき（思考）」のような考え、「気持ち（感情）」や「感じ（身体感覚）」といったものや、そしてそれらとつながってとられた「行動」をそれぞれに分けて、整理していきます。

このようなシートを利用して、自分の体験の一コマを整理していく過程においては、最初は出来事と思考が混ざってしまい、区別がつかないことがあるなど、難しく感じるものなので、しばらくは練習が必要です。ただ、このような作業を繰り返すことで、自分の気持ちや状態を整理する技術が身につきます。**自分が感情的になったとしても、自分のことを客観的に見られるようになっていくものなのです。**

では、このあと、整理したシートを使って、少し検討を深めていきましょう。

観察の結果、見えてきたこと

心のクセが見えてくる

整理した結果、それぞれの特徴の一部が見えてきたようです。実際に、このような一コマの観察を幾度か繰り返すことで、把握できる特徴がより正確になっていきます。それぞれの状況確認シートを踏まえて、陥っているパターンを探ってみましょう。

優香さんの場合は、「もっとよくできたはずでは」という考えによって、「できてよかったな」と温まった気持ちの上から、自分で冷水をかけて冷やしているかのような状態を繰り返す、ということになっているようです。仕事もできるし、お客様への対応も、他の人の見本だね、と課長に言われるようなしっかりとしたものです。しかし、「よくやっているな」というように、自分に自分でＯＫを出してあげることが難しいのです。

確認シートでもありましたが、**いつもうっすらと「もっと、もっと」という感じに追い立てられているような気がするというのが、まさにその優香さんの感覚を言い表しているのでしょう。**

美羽さんは、相手のことを優先するあまり、自分が何をしたいのかが分からなくなってしまうようです。確認シートでも、美羽さんの頭の中に浮かんでいる考えは、相手のことばかりでした。相手を元気にしてあげたい、一緒にいてよかったと思ってもらえたら嬉しい、というのが美羽さんの基本的スタンスです。相手を不快にしてしまうかもしれないことを伝えること、相手の言いたいことを差し置いて自分の主張をする、ということは苦手なのです。

確認シートの美羽さんの状況でも、実際には彼氏と話をする前には、今日自分が体験したことを聞いてほしいと思っていました。でも、彼氏の疲れた声を耳にした瞬間に、自分のことはすっ飛んでしまったのでした。

美羽さん自身がこの状況確認シートで分析した時のことを振り返るとすると、「(彼氏に対して）よかったな」と思いながら、**言いたかったけど言えなかったことが何となく浮かんできて、深いため息が出る。まさにそこに、自分の深い「想い」の声に耳を傾けられていない、口にできていない、ということがあるように思えます。**

陽子さんは、「これ」と思ったら猪突猛進とでも言いましょうか、とことんそれを追求し、エネルギーを傾けることができるようです。陽子さんの状況確認シートの一場面を見てみましょう。このところ、うまくいっていなかった家族との充実した時間が持てたから、その時間を引き延ばしてより充実させたいと、泊まって過ごす、というアイデアを提案したのです。そしてその提案が夫から却下された瞬間に、「（夫は）自分勝手で、こっちが一生懸命に関係をよくしようとしているのに、受け入れてくれない」と怒り心頭に発したようです。

陽子さんの発想は、純粋に家族にとって「よかれ」と思ってのことなのです。**ただ、自分が「よい」と思ったことは、相手も「よい」と思うはずだ、という思い込みも同時にあるようです。そのような時に、相手の立場に立ち、理解を示すことは、陽子さんにとって難しいことのようです。**

自分に対する理解

三人の一コマの状況を整理し、それを確認してみました。このように、状況を整理した上で、改めて観察していくと、見えてくることが随分とあります。読者の皆さんも、ここで登場している三人と重なるような人が浮かんでいたり、自分の一側面を重ねて浮かべていたりするかもしれません。**現実の場面では、感情が高ぶり、視野が狭まっている時の自分のことをいざ客観的に整理してみようとすると、難しさを感じるのも、自然なことです。少しずつ取り組みを進めていくことが大切です。**

グループでのカウンセリングを進める時に、人の体験や意見をお互いに共有する、というプロセスがあります。その際に、「こういう人がいるんだ」というように、その相手についての理解のみにとどまらず、「私なら、(話している人が語る)そのような場面でどのように考え、行動するかな」ということを考えてみてください、と伝えています。人の振り見て、ではありませんが、様々な場面を活かして、自分に対しての理解を深めることは、うまく自分と付き合っていく第一歩になるのです。

改善を促そうとしてくれている感情

嫌な気分になるのは自然なこと

登場してもらっている優香さん・美羽さん・陽子さんともに、**「がんばっているのになぜうまくいかないんだろう？」という、似たような嫌な気分に時折、とらわれてしまっているようです。**

ここで改めて確認しておきたいのは、嫌な気分になること自体は問題ではない、ということです。

例えば、仕事でミスをして、上司に叱責された時には、何かしら嫌な気分になるものでしょう。そのような体験は、完全には避けきれないものですし、そのような時に、気持ちが落ち込むからこそ、次は、そうならないように気をつけます。そして、同じようなミスをしないようになるのです。

嫌な気分になるのは、誰にとってもつらいものですが、人はそこから学んでいくのです。このような場面で全く嫌な気分にならないというのは、気をつけようとする意識がない可能性も高く、それはそれで困りものです。

優香さん・美羽さん・陽子さんも、嫌なことから学ぼうとしています。にも関わらず、それぞれ特定の状況では、似たような嫌な気分に繰り返しとらわれてしまっているようでした。つまりこの三人は、たまたま嫌な出来事に遭遇して、嫌な気分になってしまったというのではなく、嫌な気分が出やすい悪循環のパターンに陥ってしまっている、ということなのです。

優香さんは、自分の心を冷やしてしまう、否定的な考えが浮かぶことで、嫌な気持ちになってしまう、ということがありました。美羽さんは、相手とよい時間を持つことを大切にする、ということを気にするあまり、自分の主張はせず、自分が犠牲になっても相手のことを優先する、ということになっていました。陽子さんは、「よい」と思ったら、自分の体調も他人の都合も気にせず、その「よい」ことを実現しようとし、結果として人間関係に軋轢《あつれき》を生じさせる、ということになっていました。

優香さん・美羽さん・陽子さんの心は、悪循環の中で繰り返しダメージを受けています。ネガティブな気持ちに点火し、時にその火に油を注いで大きくしてしまっています。もちろん自分では火に油を注いでいる認識はありません。

人は、気持ちに余裕がなくなる程、慣れていてすぐに実行できる直情的な対処法に走りがちです。陽子さんが〝怒り〟の火に油を注ぎ、心の中が燃え盛ってしまっている時、余裕は益々なくなります。相手を拒絶してしまう、という行動、つまり後になって考えると「まずい」対処に走ってしまうのも、その一例です。

陽子さんには、その時に、「相手は何で私と違う意見を言うのかな」などと考えてみる余裕はありません。このように、感情が高ぶっている時には、多くの人はよりよい対処を丁寧に検討するだけの余裕はありませんし、自分の状態を俯瞰してとらえて対処することもできなくなります。

気持ちの余裕がなくなった時に、その人が普段から行っている対処行動は自動的に

選択され、その結果、ネガティブな感情の火に油が益々注がれたとしても、それを止めることは難しくなってしまいます。

その時の苦しい感情を何とかしようと、「おぼれる者はわらをもつかむ」のと同様に、感情にとらわれてもがいた結果、深みにはまっていくことも少なくないのです。

感情のとらえ方を変えるファーストステップ

実は、〝悲しい〟を〝楽しい〟に、〝怖い〟を〝安心〟に、というように、感情自体を真逆に変える方法はありません。しかし、状況確認シートにあった、気分・感情以外の枠に対して違ったとらえ方や行動ができれば、感じ方も変わってくるのです。

例えば、優香さんが「あれでよかったのかな」ではなく、「あれでよかったんだ」と考えられるならば、気分は変わるでしょう。

美羽さんが「自分のこともうまく伝える」という行動を取れるならば、違った気持ちが生まれるでしょう。陽子さんが、こういう時にはマッサージしてもらうと落ち着く、という対処法を持っていたとするならば、それは身体感覚を整えることで、気分も変えられる、ということになるでしょう。

特定のある対処法が正しい、ということも、ある対処ができれば必ず気分がよくなる、というような、鉄板の方法があるわけでもないのです。ただ、気分・感情にターゲットを絞りつつも、それ自体ではなく、その周辺の考え（とらえ方）、行動、身体感覚、更には環境などにアプローチをすることで、気分を変えていけるのです。

皆さんも、プラス思考をしよう、心と体をリフレッシュしよう、などといった情報に触れることもあると思います。まさにこれらも、よりよい気持ちになれるような工夫の一つ、ということなのです。ただし、気をつけていただきたいことがあります。よく見かける、プラス思考をする際に陥りやすいポイントを述べておきましょう。それは、悲しい気分なのに、そんなネガティブな気分を持たないように、「私は楽しめている」などと、気持ちに沿わない考えを自分に無理に押しつけよう、というような姿勢です。こういったことは、自分に負担をかけることになるので気をつけましょう。

それでは、苦しい感情をどのように扱っていけばいいのか、どのような選択肢があるのか、次の章で見ていきます。

Column

1 怒りの対処 ~アンガーマネジメント~

怒りは、不安など多くの感情の中でも、特に破壊的な力を持ち、その力が自分に向いた時、他者や何か外のことに向かった時、その後の生活に大きな影響を及ぼすこともある、悩ましい感情です。

怒りは様々な場面で出てきます。怒りは、思い通りにならない状況と、思い通りになるのが妥当であるという考えの間のギャップにより生じる感情です。更に、今体験している出来事によって生じた怒りと、過去のことを思い出して出てくる怒りなどの違いもあります。

怒りという感情それ自体は、前述のように心が体験していることを教えてくれます。ただこの怒りは、時に耐え難く感じられることも多く、その対処が不適切な行動とつながりやすいのです。特に、衝動的な強い怒りに振り回される人の場合、その力は自分の大切なものや人に向かいやすく、救いを求めた行動であったとしても、結果として大切なものを壊してしまうのです。

怒りが湧き上がっても、以下のようなことができるようになることで、うまく対処できるようになります。

①怒りがどのような働きをしているのか知る、②衝動的な行動を適切な行動に置き換える、③怒りに気がつけるようになる、④怒りを受け止め、非合理的な考えを整理する、⑤怒りは恐れずとも通り過ぎるものであることを体験する、という流れです。

「私は間違っていない」という考えがあると、心は暴走します。ダムで激しい水の流れを水力発電でエネルギーに変えるように、怒りのエネルギーもうまく利用できるよう、取り組みを進めたいものです。

第2章

心の潤いを教えてくれる感情

自分のことを大切にする、ということが難しくなっている理由

過去の体験とのつながりを見る

前章では、優香さん・美羽さん・陽子さんの心が、悪循環の中で繰り返しダメージを受けてしまっている様子を理解してもらえたと思います。普段から、どうでもいいや、という生き方をしているのではありません。三人とも自分なりにがんばって日々を送っているからこそ、「がんばっているのになぜうまくいかないんだろう?」という気持ちも大きくなっていました。

人は、つらい体験をして、そのような気持ちが長く続いた後など、「どうせダメだ」「どうでもいい」といった投げやりな考えが浮かびがちです。陽子さんが怒ってしまう時なども、分かりやすい一例です。ただ、多くの人はそのような自暴自棄な考えに

浸り続けることのデメリットを感じ、何とか自分自身を立て直そうと考えるものです。**カウンセリングでは、子供時代など過去にさかのぼって自分を見てみることで、その悪循環から抜け出すポイントを見つけられることも多々あります。**優香さん・美羽さん・陽子さんともに、何故このような悪循環に入りやすくなってしまっているのか、少し過去を振り返ってみたいと思います。それぞれの体験してきたことをより客観的に振り返ってみることで、苦しい一コマの中に現れた悪循環への対策もしやすくなっていくと思います。

周りの顔色を気にしていた、子供時代の優香さん

優香さんは、自分の心を冷やすような、否定的な考えが浮かび、ネガティブな気分になってしまう、ということがある人でしたね。つまり、優香さんは、自分に対して「いいね」をしてあげることが難しいのです。子供時代を振り返ってみると「いいね」をもらう体験がなかった、虐待されていたということでもありません。ただ、子供時代は、親や周りの人の顔色を見ながら生活していたなぁ、と自覚しているようです。

子供らしさには、自由に気持ちを表現するという側面と、相手の顔色を見て状況に適応しようとする側面があり、その二つは表裏一体のものです。子供の頃の優香さんは、相手に合わせること、その状況で期待されていることをすることに、自然と多くのエネルギーを費やしていたようです。もともと「ちゃんとする」「きちんとする」ことが好きな性格で、そのような行動ができていないことに我慢ならない傾向が強かったようです。

その傾向は、生まれ持った気質だったのかもしれません。親も似たような気質を持っていたことも、その傾向を助長させたと言えるでしょう。実際に、子供時代の優香さんがもらっていた「いいね」も、大人しくきちんとしている時、更には親やその場の大人たちの期待通りに動けた時に、もらえることが多かったようです。

このような話からは、近年耳にすることの増えてきた〝毒親〟のことを連想する人もいるかもしれませんが、この本の目的とずれてしまいますので、そのことは置いておくことにしましょう。

優香さんが自分に対して「いいね」ができず、悩んでいるのは明らかです。だからこそ、よりよくしたい、そしてよい結果を出すことで自分もすっきりとしたい、自分に「いいね」と思えるようになりたいだけなのです。優香さんは、仕事をちゃんとして、お客さんにより喜んでもらうためにはどうすればよいのかを考え、改善していこうとしている、とてもまじめな人なのです。

この優香さんの姿は、理想を追い求めているようにも見えます。もっと、もっと、もっとよくなるはずだ、と。その理想の場所に辿りつけた時には、本当に満足感が続くはずだ。今、満足感が続かないのは、その理想の場所に辿りついていないからだ、といった考えが裏にはあるのかもしれません。そして、少し現実から離れてしまっているのかもしれません。

「もっと、もっと」、ではなくて、「それでいい」、と思えること。チルチルとミチルが青い鳥を求めて旅をした物語が思い出されます。家に辿りついた時に、そこにあったもの。追い求める旅は無駄ではなかったと思います。旅をしなければ、自分の近くにあったものこそが、求めていたものであった、ということには気づかなかったかもしれませんから。

優香さんは、理想を求めるあまり、現実の地面にしっかりと立つことから離れてし

まっているとも言えるでしょう。

相手を優先していた、子供時代の美羽さん

美羽さんは、相手とよい時間を持つことを大切にし、それを何よりも優先させてしまうために、自分の主張が消えてしまう、自分が犠牲になっても相手のことを優先する、ということになっていましたね。

美羽さんは、誰か他の人といる時には、自分の気持ちを感じることができなくなってしまいます。自分自身のこと、つまり「自分がどうしたい」ではなく、「周りの人はどうしたいんだろう」、がいつの間にか、全てになってしまっているのでした。〝気遣い〟ができる人、といえば聞こえはよいですし、実際に美羽さんは友達からは一緒にいて楽な人、と思われることが多いようです。

でも、自分の主張が全くなくなってしまう、というのでは問題になります。美羽さんのことをよく知りたいと思う相手の人が美羽さんに対して、「何を考えているのか分からない」と不安に思うこともあるかもしれません。更に自分自身の気持ちを感じ

られなくなる、ということは、自分を犠牲にして相手を優先してしまう、ひいては自分へのケアができなくなる、ということにつながります。そのことが自分へのダメージとなるのは、前章でも見てきたとおりです。

子供の頃を振り返ってみると、美羽さんは、次のようなことを思い出します。お父さんとお母さんが、時折だけれど激しくけんかをしている間はお母さんが、けんかをしていた姿。けんかの後、お母さんの怒鳴り声を聞きたくなくて布団にくるまっていた子供の美羽さん。けんかの後、お母さんがすぐにお父さんの文句を言ってきて、その聞き役として、お母さんの気持ちを和らげてあげないといけない、と考えて一生懸命話を聞いていた美羽さん。子供の美羽さんはお母さんの役に立っている自分も好きだったし、お母さんも喜んでくれて、いつの間にやらそんな関係が普段から定着してしまっていたな、と思います。

大人になった今、母親に対してだけではなく、誰に対しても気がつくと「聞き役」「全面的に相手が優先」となってしまったようです。

美羽さんは、子供の頃、お母さんが喜ぶことを自分の喜びとしていたのです。相手が喜ぶことを自分の喜びとできることは、素晴らしいことです。ただ、その際に自分が払っている犠牲がそれに見合っていればの話です。

子供にとって、親の存在は巨大です。その存在に依存している以上、その場で安心して過ごすためにも、親を喜ばせることは有効な方法です。ただ、成長するにつれて、「私」という自我が芽生えてきます。お母さんと私は一緒、という時代から成長して、お母さんと私は別の人なんだ、と思うようになるのです。その途中では、反抗期という闘いの時期を通り抜けることも自然なことです。

美羽さんは、自我が芽生えた後も、対人関係においてお母さんとの関係で身につけた、「相手を喜ばせることを全てに優先させる」ということ以外の方法を身につけられなかったのです。この方法は、多くの場面でうまく機能していたのでしょう。それ故に美羽さんは、人との付き合い方の新しい方法を身につけるべくチャレンジする、という機会を逸してしまっていたのです。

失敗した傷がうまく癒えなかった、子供時代の陽子さん

陽子さんは、「よい」と思うことがあったら、その実現に向かって猪突猛進し、結

果として周りの人を激しく巻き込み、人間関係に軋轢を生じさせてしまうタイプです。それでも「よい」ことをしていると思っているので、何か障害にぶつかるまで走り続け、同時に感情も暴走し、うまくいかないことは人にせいにする、ということを繰り返していましたね。

陽子さんの子供時代を振り返っても、特に甘やかされたわけではないようですし、逆に虐待のような極端な愛情不足で非行に走った、というわけでもないようです。子供の頃から激しい気性ではあったようで、突っ走って傷ついた経験も少なくないのですが、そのことを周りの大人には気づいてもらえなかったことや、何かあって余裕がなくなると「人のせい」にする傾向のあったお母さんを見て育ったことなどが、大人になった今でも陽子さんに影響しているようです。

人は、傷ついた時には安全な場所に戻って、傷が癒えるのを待ちます。赤ちゃんにとっての母親を、「安全基地」と呼ぶのも同じことです。少しずつ新しい世界に飛び出して、そこで時には傷つくものの、「安全基地」に戻って落ち着いて、また外にチャレンジしていくのです。

陽子さんは子供の頃から、チャレンジする力は目いっぱい持っていました。**ただ、お母さんに気にかけてもらうことが少なかったことも影響したのか、失敗して傷ついた時に、内に籠って傷を癒す、そしてその次には同じような危険なところはよけながら進む、という体験が少なかったようです。**一生懸命にがんばれば、必ず結果が出るはずだ、という希望を信じ続けているのかもしれません。

世の中には、「よい」ことは一つだけではありません。陽子さんの思いついた素晴らしい「よい」ことも、よいことの一つでしょうが、他にもよいことがある、というように、広く周りや他の人にとっての「よい」ことを見る目も育てることは、とても大切なのです。

Column
2 境界線

人も物も、あらゆる物質は、物理的な外壁を持っています。その間には、境界線があります。家の中と外が玄関ドアで仕切られるように、人と人の間も肌という境界線で区切られているのです。

人の気持ちの境界線は、もう少し複雑です。本書の美羽さんの場合は、自他の境界線が曖昧でした。境界線をしっかりと持つということは、「私は私、あなたはあなた」という気持ちをその状況に応じて適切に持てているか、ということでもあります。この境界線がしなやかで強いかどうかは、具体的な行動によって確認することができます。それは、4つの「Yes」と「No」に関する行動です。

1つ目は、「嫌なことを上手に断れる」ことです。嫌なことに過敏に反応しすぎず、お互いに気持ちよく「No」を言いたいものです。

2つ目は、「相手の『No』を受け入れ、うまく調整する」ことです。相手からの嫌だというメッセージ、つまりNoをちゃんと受け取り、そこから対話を進めたいものです。

3つ目は、「相手に関心を持っていることを示す」ことです。相手に肯定的な意思表示を示すこと、つまり「Yes」を言うことです。

4つ目は、「相手からのプレゼントを受け取る」ことです。相手からのプレゼントは、支援の申し出であったり、肯定的な言葉だったりします。そのようなプレゼント、つまり「Yes」のメッセージを受け取るのです。人により、4つの行動のうち、苦手なことがあるものです。ただ、それを理解して、自分を大切にし、そして相手も大切にできるように練習していくのです。

自分に「いいね！」ができない

自分を苦しめる考え方のパターン

優香さん、美羽さん、陽子さんが、なぜ自分の心にダメージを与えるようなことを繰り返ししてしまっているのか、考え方や行動の傾向に、過去の体験も関係していたことが分かりました。

優香さんらそれぞれの例を通して見えてきたことは、子供の頃に自然に身につけ、繰り返されることで磨き上げられてきた考え方や行動のパターンから自由になれていない、ということでした。普段の生活の中では、大きな支障はないどころか、時にはとても役に立っている。ちょっと不自由な気がする時もあるけれど、問題なくやっていけている。ただ時折、何かの拍子に想定外の落し穴にはまったように、悪循環に陥り、自分を苦しめる思考や行動パターンとなってしまう、ということがあるのです。

自分のことを大切にすること、それは自分に対して「いいね」をすることでもあります。ただ、「いいね」としたいのにできない。しているつもりなのに、なぜか楽にならずに傷ついてしまう。そのようなことを繰り返すと、「自分のことを大切にする」という題目は知っているけれど、それってどういうこと?と混乱してしまうでしょう。自分のことを好きって言えないし思えない、「いいね」とはとても思えない。「自分のここはよいところだ」と思って、自分に対してプラスに考えようとしていたけど、そんな気持ちもすり減ってしまい、「自分のことが嫌!」となってしまうこともあるでしょう。

日々の生活は、それほどネガティブに感じるものではないかもしれません。ただ、うっすらともやもやした気持ちが続いているだけのこと。自分の気持ちがもやもやしているることは感じている。**そのくすんだような心の不透明さ、状態により、時に自分**

に対してだけではなく、他人に対して、社会に対してもネガティブな気持ちを持ってしまう。そんな生きづらさにつながってしまっているのです。

心の渇きを癒すって…？

自分のことを大切にする、自分のことを「いいね」と感じられることが、どのようにしたらできるようになるのか、戸惑う人もいることでしょう。

ではまずその一歩として、何かしら自分に対して誰かがしてくれたことで、思い出すたびに心が温まるような体験を振り返ってみましょう。私たちは、心が潤った体験を持たないと、自分で自分のことを大切にすることができないのです。理屈ではなく、体験が大切なのです。

思い出すことは、ごく些細なことでよいのです。苦しい時、小さい子の無邪気な笑顔に救われたとか、行き詰まってもうダメだ、と思った時に、電話した友人がなぜか夜中なのに電話に出てくれて、笑って話を聞いてくれた、などもあるかもしれません。

新しく引いた水路に、水を流すことをイメージしてみてください。新しい水路は、中にごみなどはなく、とてもきれいです。後は、そこに水を流すだけです。その水路に流れる水が、「大切にされた体験」「心が温まる体験」だとすると、その水路はちゃんと水という大切な体験を運んでくれて、結果として心がとても喜びポカポカと温まっていくでしょう。その時には心に栄養が届き、潤った状態になっているのです。一度ちゃんと機能した水路は、何らかのきっかけで一時的に水が流れなくなってしまったとしても、少し工夫すれば再び働くことができ、心に栄養を届けるようになるのです。

その水路が砂漠の真ん中にあるかのように、水が流れたことがない、つまり「大切にされた体験」「心が温まる体験」を経験したことがなければ、そこに水路があることにも気がつかないかもしれません。水路の存在も、水が水路を流れた後の感覚も知らないので、自分でそこに水を流すのはなかなかに困難です。心が温まった体験もなく、潤った体験もなければ、「心が温まる」ということを見聞きして知っていても、自分の体験としては理解できないということになります。

カウンセリングには、かつては水路に水が流れ、潤っていたけれども、このところ何故か水が流れなくなってしまい、心が温まらなくなったという人が来ます。また、過去に殆ど水路に水が流れたことがなく、心が温まった体験が限りなく少ないという人も来ます。

時には、水路自体を作らないといけないという人も来ます。

いずれにせよ最終的には、何らかの形で水を流し、心を温め、更には自分自身でも水路のメンテナンスや、水の供給をできるようにしていくのです。

感覚や感情は、自分を大切にできているか教えてくれている

心の水路のメンテナンス

「自分を大切にする」ことを、水路に水が流れ、心に栄養が届き、心を温かくすることができるようになる、ということにたとえて説明してみました。

では、自分の心の水路にメンテナンスが必要になっている、水が流れていない状況であるということに、人はどうやって気づくと思われますか？　実は、とてもシンプルなんです。実際に、心に栄養が届いているか、心が温まっているかは、殆どの場合、感覚で分かります。いい感じだ、ちょっとまずいぞ、などといったことを、私たちは理性的に検討した上で判断するというよりも、感覚として把握しているのです。

本物の水路やトンネルのように、壁を叩きながら調べる、ということは必ずしも必要ではないのです。

もちろん、人によりその感覚には偏りがあります。過去に苦しい体験をして傷ついた人は、似たような出来事に対して過敏な反応が生じやすくなることもよくあることで、調整を多くしなければならないこともあるでしょう。

感覚には個人差がありますし、言葉にすることが難しくもあります。よってここでは、感覚と重なって表現されることの多い、「感情」を使って考えていきましょう。

感情が教えてくれること

感情はその人の心の状態を教えてくれる指標です。例えば、怒りなど、感情がネガティブな方向に激しく振れると、苦痛が大きくなってしまいます。私は時折、カウンセリングの中で、クライエントに対して「あなたがいらない感情だけを、まるで脳から神経を抜くように、なくしてしまう技術があれば、その手術を受けたいですか？」、というようなニュアンスの質問をします。ネガティブな感情による苦痛が大きすぎるために、「この感情はいらない」と思う人も多いものです。そんな質問を通して、その感情について考えるきっかけにしているのです。

「感情には、意味があるんですよ」といったことを耳にしたことがある人もいるかもしれません。一方、「そんなこと言われても、私は苦しいんだから」と、苦痛そのものである感情に、一体どんな意味があるのか？と腹立たしく感じる人もいることでしょう。**過剰なまでに大きく激しくなった感情に圧倒されるが故に、その存在の意味に疑問を感じることも少なくありません。ただそれでも、感情自体には、実際に意味があるのです。**

感情は、自分の状態、自分が置かれている状況について、教えてくれます。例えば、自分の大切な人との別れに際して、人は「悲しみ」を体験します。

この悲しみの感情は、人が喪失体験に遭遇したということのサインです。人は、そのサインを感じるからこそ、時には涙し、人に語り、それにとらわれすぎないように仕事に向かうなど、様々な取り組みを行い、時には専門家の支援も仰ぎながら喪失体験を通り過ぎるのです。この取り組みをグリーフワークと呼びます。グリーフワークが十分に進むと、別れの悲しみの質が変化します。

　私が少し前に他でも紹介させていただいたことのあるケースを紹介しましょう。ある女性の話です。お子さんの早すぎる死に対し、自責と歎きに苦しまれているお母さんがいました。その方の心の水路の水は完全にせき止められ、全く流れていないかのような状態になってしまっていました。

　しかしその方は、グリーフワークを進めていく中で、心の中でお子さんとの交流を再開させることができていったのです。取り組みが進むにしたがって、再び水路に水が流れ、心の潤いを取り戻していったのです。そして、亡くなったお子さんのことも、現在も生きている自分のことも大切に感じられるようになっていきました。


『インサイド・ヘッド』という映画を観た人もいるのではないでしょうか。主人公の女の子の頭の中で、五つの代表的な感情たちがキャラクターとなって、感情の存在の意味、人の心の中の仕組みを示しながら、人の成長の一側面をうまく表したアニメです。私も興味深く観ました。

　あの映画では、「ヨロコビ」という喜びを表現している存在が中心に動いていました。ストーリーの中盤までは、「カナシミ」という悲しみを表現する感情の存在する意味は見出されず、思い出をくすんだものにしてしまう存在、気持ちを落ち込ませる存在、ということで、「(いなくなれないなら)何もしないで」と言われたりして、少し肩身の狭い立場でした。

しかし、主人公が本当に悲しい状況になってしまった時に、その悲しみをなくすのではなく、「カナシミ」と一緒に悲しみを体験することで前に進めるようになった、という様子がとても分かりやすく描かれていました。「カナシミ」は、共感する能力を強力に推し進める力を持っていたのです。共感とは、水路に再び水を流す大きな力なのです。**苦しい気持ちを耐えがたいからなくしたい、またはその気持ちが悪いんだと言いたい、と思うのは自然なことだとは思います。**

ただ、それらの気持ちがあることを受け入れることで、初めてその感情から離れていけるようになる、ということも事実なのです。

このように、感情は、心が温まっているのか、心を温める水が水路をちゃんと流れているのかを、教えてくれるのみならず、再び水路に水を流して、心を温めることにも役立っているのです。ただ、苦しい時に、そんな感情を体験しながら、「教えてくれてありがとう」と思う余裕は持てません。具体的な取り組みは次章にしますが、感情自体は大切なメッセージを運んでくれているもの、ということだけは覚えておきましょう。

前章で紹介した状況確認シート（三八〜四〇頁）では、優香さんたちがそれぞれの感じていること、その時々の頭に浮かんでいる考えや行動等も整理しました。

私たちは、沢山のことを感じながら生活しています。感じることも、考えることも、行動することも、どれも大切です。それらのバランスが取れていることも大切です。感じることは、そのバランスがちゃんと取れているのか、水路にうまく水が流れているのかを教えてくれる、一つの指標なのです。

バランスを取るために、自分に「いいね」をしてあげるために、このように考えればよい、行動すれば間違いがない、ということがあるわけではないのです。**ただ、自分が何を大切にしていきたいか、そのことがどのように自分を大切にすることにつながっているのかを知ることは重要です。それは長期にわたって自分を楽にすることにつながり、それが「自分を好き」と感じることとつながっていくからです。**

● 苦しくても、感情にはちゃんと意味がある!

▶ 感情は、自分の状態を教えてくれる

人は人、私は私

「私」を感じるということ

ここまで、感情や感覚が大切なメッセージを運んでくれていることについて書いてきました。ここでは、「〝私の〟感じ方」について、もう少し踏み込んで説明してみます。例えば「私の好きなもの」というようなことについてです。

人は何か好きなものについて、他のものと比べて好きだとか、嫌いだとか比較することもありますよね。「どうして？」と聞かれても、好き、嫌いの理由をはっきり説明できるものもあれば、理由は説明できないけれども、何となくそんな気がするから、ということもあるでしょう。

例えば、好きな食べ物、嫌いな食べ物などは、個人の好みなのでどちらがよい、悪いということではありませんよね。

このような感じ方は、様々なものに対して生じます。対人関係でも、好きになる人または関わりやすい人もいれば、嫌いになる人または関わりにくい人もいるものです。人についても好きになったり嫌いになったりすること自体には、よい、悪いということはありません。**そのように感じる自分を、そのまま受け止めてよしとしていられればよいのでしょう。その時は、そう感じている自分を「大切に」できているとも言えるのではないでしょうか。**

感じたことを大切に

ただ、そのままに感じたことをよしとせずに、「～のようにならなければ」「～であるべき」と反発してしまうと、実はその感じが教えてくれている「もう少し（人などに）近づきたい」とか、「もう少し離れたい」といったメッセージを受け取れなくなってしまいます。そして同時に、「自分を大切にする」ということからも離れてしまいがちです。そのような心の動きは、「あの人のほうが…」「私のほうが…」といった、人と競争するかのように比べる気持ちにつながり、益々自分の心の水路の水を枯れさせ、自己否定の世界に閉じこもってしまうようになるのです。

しかしながら、人と比べるということによって、心に栄養を運ぶ水をせき止めてしまうこともありますが、人と比べることが一概に問題だというのではありません。〝比べる〟という心の働きは、人の心が発達していく過程でいいものと悪いもののどちらか一方だけではなく、両方あるものだ、ということを認識するプロセスとして大切なものなのです。

バンデューラという心理学者は、「モデリング」という行動について説明したのですが、この「モデリング」も、人のことを観察して、自分の行動に役立てる、ということなのです。人は、人のことを見て学びます。ただその観察に際して、まず自分自身を認めて、更によりよくするために観察するということができていればよいのですが、人と比べることが優先されてしまうと、本末転倒となってしまいます。「人が何と言おうと、『私は…だ』」と強く思えると迷いは少なくよいのかもしれません。でも、そんな強い気持ちばかり持てないのは、自然なことですね。

Column

3 感情について

幾つかの感情は、生まれながらに備わっており、幾つかの感情は人間関係の中で体験的に学んでいくものです。世の中で誰も体験したことのない感情を、自分ただ一人だけが知っている、ということは、殆どないのではないでしょうか。私としては、そのようなことを想像すると、ワクワクするのですが。

人は成長する過程において、様々な感情を体験し続けます。欲しいものが得られない時の怒り、今あるものに満足する喜び、それがなくなるのではないかという時に感じる不安、他にもっといいものがあるのではないかという羨望など、様々です。大人になってからは、人を深く愛することも体験できるかもしれません。

そして感情は、行動を促す力ともなります。怒りは自分を守り(しばしば過剰防衛となります)、不安は何かに備えようとします(もっともっととなりがちです)。更に特定の感情を沢山感じていると、その感情に反応しやすくなります。

子供が日常の中で体験する感情は、大人と比べて大きいもののようです。大人は、感情をもう少しクールに受け止めます。

ただ、大人になってからの感情体験を豊かにしようと意識することは、その感情にもよりますが、人間関係を有益にします。分かりやすいのは愛情です。子供の頃に受けた愛情と同じ量の愛情を人にあげられるわけではありません。過去に受け取った愛情の量に限らず、社会に溢れるその感情に多く触れ、それを人に渡していこうとすることで、愛情の循環に入ることができるようになるのです。

感動って、そのまんまで完結　意味づけしなくていい

「そのまま」をよしとする

自分の感じているそのままをよしとする、ということは、自分を大切にすることとつながっているよ、ということを書いてきました。「そのまま」が好き勝手とは違うことも、「そのまま」ということが、現状に甘んじて、成長をする必要がない、ということではないことは、皆さんもすでに感じているのではないでしょうか。

さて、時に「そのままをよしとする」ということが、難しくなることがある、ということも述べました。「私に『そのままを大切にする』なんてできるだろうか？」と不安を感じてしまった人もいるかもしれません。ただ、多くの人が殆ど無条件にその

ような心の状態を保てるようになる時があります。

それは、感動している瞬間《とき》です。映画や小説の、ふとした場面で心に何かが触れ感動した、という体験を持つ人は多いのではないでしょうか。それは、水が不足して枯れかかっている渇いた心に一気に水が補給されたようなものです。**その時、まさに人は「そのままでＯＫ」を体験し、「そのままの感覚」を受け入れているのです。**「～しなきゃ」「～のほうが」ではなく、人との比較でもなく、それでいい、となっているのです。感じていることを、「そのままに」感じられているのです。

夕焼けがキレイ、星空がキレイ、と空を見上げた時の感覚を思い出す方もいるでしょう。私はカウンセリングで、お会いする方々それぞれが現状を素直に受け入れている姿を見て、そして自分を和らげるための取り組みに一緒に関わる中で、人はこのように変化していくんだと、本当に心が震えるような感動を体験します。

そんな時に、カウンセリングに通ってきているクライエントとカウンセラーの私は、一緒に心の水路に水が豊かに流れ、心が潤うのを感じ、その感覚をしっかりと心に定着させようとしている気がします。

頭で考えすぎない

感動は、考えた結果得られる、というような意図的なものではありません。人の魂にダイレクトに触れるかのように、強く訴えてきます。心が疲れたなあ、と感じている時、お気に入りの感動する映画が観たくなる、ということもあるでしょう。そんなことも、心の水路に水を流そうとする自然な働きなのです。

無理やり感動しよう、と構えて感動できるものではありません。そのような意図的な構えは、実際の体験の中に自分の評価が入りこんでしまい、「そのままでＯＫ」にはなりにくいものです。

頭で考えすぎないよう、感覚や感情を丁寧にたどっていく、という取り組みは有効です。それは、そのままでよしとする、という取り組みにもつながるのです。

自分に「いいね！」をするステップ

日々の悪循環パターンから離れる

感動が時に、水路に水を流す働きをして、渇いた心を潤して温めてくれることを述べてきました。そうは言っても、いつも感動しているということは難しいでしょう。だからこそ、日々の中で自分の悪循環の思考や行動のパターンから離れること、比較してしまうことやよし悪しの評価の落し穴に気をつけることによって、自分を大切にすることができるようになっていくことが望ましいのです。

「自分を大切にする」ことが上手な人は、自分の「ここが好き」「ここが嫌い」という部分があったとしても、トータルでは自分のことを好きだと思えていることが多い

ようです。「自分が好きだ」と感じられている時には、がんばって自分のことを大切にしようとしている、というような力みはありません。より自然なバランスが取れている感じがします。

「自分を大切にすること」について考えてみる

「自分を大切にする」「自分が好き」にとどまらず、「愛」というテーマを探究していく人たちもいます。自分のことも、人のことも愛する、ということは、素晴らしいことです。マザーテレサがインドで一生かけて取り組んだ活動を始め、人を助けるために自分を犠牲にした人の実話など、深い愛に裏付けられた行為は少なくありません。

時折、自己犠牲と愛の間で、混乱が生じることもあるようです。美羽さんにも、その傾向があるかもしれません。確かに、愛し続けるためには沢山の犠牲を伴うように感じることもあります。それでも、そのような活動の中では、犠牲とは比べられないほどの素晴らしいものがもたらされるのです。

自分を大切にできる人は、とても素敵な取り組みができているのだと思います。自分に限らず、出会う人々や動物、植物やあらゆるものに愛を感じられる人は、素晴らしいと思います。ただ、誰もが必ずしも最初からそのようなことができる、という訳ではありません。

本当に「自分を大切にすること」「自分を好きだと感じること」「愛すること」とはどういうことなのか考え、人と話し合い、模索し、ちょっとした行動、考え方などを工夫して実践していくことは、とても大切なことなのです。

そのような取り組みの途中で、仮でもよいので具体的に目標を決めることは有益です。「自分は大丈夫、大切にできている。愛せている」と頑なに言い張っている態度では、頭ばかりが先行して、なかなか心にまで栄養が到達せず、心が温まりません。短期的には、好きなことをする、長期的な目標に向かって努力する、人の役に立つことをする、など、具体的に「いいね！」を感じられることに取り組むのです。

次の章から、心の水路や心の機能について、述べていきます。それらを通して、自分を大切にするためのレッスンを始めていきましょう。

Column

4 働く人のメンタルヘルス

働く人たちのメンタルヘルスへの意識は、随分と高くなってきました。平成27年にはストレスチェックの実施が始まり、同年に厚生労働省が働き方改革を進めようと「働き方・休み方改善ポータルサイト」を立ち上げ、社会をあげての取り組みになってきています。

ここ数年、国内の自殺者数も減ってきて、各団体や企業のメンタル不調者は減少しているというデータもありますが、ブラック企業の問題など、まだまだ労働環境の改善が必要という声もあります。メンタルヘルス不調に至るのは、様々な要因がありますが、厚生労働省が定期的に行っている労働者健康状況調査では、正社員の場合には人間関係、業務量、業務の質の問題が多くあげられます。

職場への支援の中で、「あの人は仕事を抱え込むタイプだね」という声を聞くこともあるのですが、訴えやすい環境を作っているかどうかは、組織の課題です。

近年は、ダイバーシティ（多様な人材の活用）など、価値観が多様であることの重要性も指摘されていますが、様々な価値観の人が集まる職場で、ストレスがない環境などありえません。当然、上司の存在は、その職場の雰囲気に大きく影響しているので、ラインケアの大切さが指摘されています。一方、法律による義務付けではありませんが、所属する一人一人も、職場を構成する人間として、セルフケアを自ら行うのみならず、よい職場にしようと上司や同僚との協働作業ができるようになればよいな、と感じる日々です。

第3章

自分を大切にするための工夫

好きなもの、ホッとするものを確認する

心が喜ぶ栄養って？

ここでは、どのように心に栄養が届けられていくのか、書いてみたいと思います。心に栄養が届いている時、心は喜びで満たされます。ではまずここで、心が喜ぶ栄養とは、どのようなものなのか、考えていきましょう。

まず、何かホッとするものを探してみましょう。それは、恋人や家族の存在、人からかけられた言葉、池の中で泳ぐメダカや自然、お気に入りのとある場所や空間、特定の行動、何か心の琴線に触れる芸術作品かもしれません。

何が自分の心の栄養になっているのかを知ることは、重要なステップです。心がそ

れに触れ、心に潤いがもたらされる時、心は満たされ、肯定的な気持ちになっていくのです。

つまり、その〝何か〟が、その人にとっての栄養を含む水となるのです。その水が心の水路を流れていき、心に届き、心を潤すのです。その〝何か〟は万人にとって効果がある、というものではありません。人により、体調にもより、それらは日々の中でも微妙に変化していきます。育った環境や親しんだ文化の差も、大きな違いを作ることは明らかです。

そのようなホッとする〝何か〟がすぐには見つからない人も、あせらずにじっくりと探してみましょう。

時には、思い出や、今となっては会えない人など、今現在直接に触れられないものが心を潤してくれるかもしれません。少し前のことになりますが、奈良の興福寺から東京・上野の美術館に阿修羅像がやってきたことがありました。多くの人が阿修羅像に会いに上野に出かけ、感動して涙し、ニュースにもなりました。読者の方の中にも記憶に残っていたり、実際に出かけた方もおられるでしょう。涙された方々は、阿修羅像を前に、何か心の深いところで感じるものがあったのでしょう。別の仏像を前にして同じように涙し、定期的にその仏像を訪ねている人の話を聞いたこともあります。いずれにせよ、仏像の存在が、古くから人の心を癒してきたことは、間違いないでしょう。阿修羅像などの仏像に限らず、このような存在は、多くの人の心に栄養を届け、心を潤しているのです。

心は変化し続けるもの

心の状態は変化し続けます。長い時間の中で、すっかり前とは変わったな、というような、大きな変化もあれば、日々の気分のような瞬間的な変化もあります。心が様々なものに触れ、耕されるように豊かになっていけば、より様々なものを栄養として受け取ることができるようになります。もちろん、心には複雑な側面も多くあり、過去には癒しとして感じられたことを感じられなくなってしまう、ということもあります。また、心のある部分ではそれを栄養として受け入れられるのに、ある部分ではそれをはじき返してしまう、というようなことも起こります。

心に栄養が届きにくくなっている人が、栄養を受けやすくするために、好きな物を探し、それに触れる時間を定期的に取ることが、自分を大切にするための最初のステップとなります。好きなものに触れる時には、楽しくわくわくした気分になり、いろいろなことを受け入れやすくなるのです。

「この人は私の話を受け止めてくれる」と感じられる人と一緒に過ごす、ということもよいステップになるでしょう。**普段から皆さんも感じているでしょうが、人の心は、誰かに受け止めてもらえている時に、温まる傾向があるのです。**

みんな、心のクセがある

心に栄養が届いていない状態とは…

ここからは、心の水路が枯れてしまい、心に栄養が届かなくなっている状態とはどのようなものなのか、説明したいと思います。

一章で見てもらった、状況確認シートをもう一度振り返ってみましょう。左頁をご覧下さい。

これは、優香さんがトラブル対処を終えて、少し経った時の一コマを整理したシートです。同僚の仲間たちがトラブル時を振り返って、「大変だったよね」「がんばった

優香さんの状況確認シート

状況・出来事（事実）

上司にトラブルの報告ができた、一週間後、一緒にいる同僚たちが、「あれは大変だったけど、よくやったよね」と笑顔で振り返っている

思考・イメージ

・あれでよかったのかな。もっとよい方法はなかったのかな
・みんな笑っているけど、私の心の中には笑えない自分がいるんだよな

行　動

とりあえず、笑顔でその場を取り繕う

感情・気分

罪悪感　不安

身体・感覚

・特に大きな感覚への違和感、気づきはないが、いつも追い立てられている感じ
・今ひとつ熟睡できない

よね」と笑顔で話している時に、「あれでよかったのか」と考えて、表面的な態度こそ取り繕ったものの、気分的には罪悪感にとらわれている、というものでした。

ここまで読み進めてもらった皆さんには、優香さんの心が潤っていないことはよく分かると思います。上司に報告した直後ぐらいは、優香さんもホッとしていたので、心の水路に水が流れ、温かい気持ちになったのだろうと思われます。その水は少し心を潤した後、〝もっともっと〟という考えにせき止められ、しばらくしたら心に水が届かなくなってしまったようです。

一週間毎日、一日の中で一番感情がネガティブに動いた時のことを、状況確認シートなどに書き出してみると、浮かび上がって見えてくるものがあります。ごく簡単なメモでも十分です。書き出すまでもなく、大体こんなものだろうな、という予想が立つこともあるかもしれませんが、幾つかの状況について書き出してみることで、より客観視することができるようになるのです。

優香さんが書いたものを、少し取り出してみましょう。（左頁参照）

優香さんのネガティブな感情を記録したシート

日時	出来事	気分・感情	考え	行動他
4月1日	会議の資料を準備した	不安	これで大丈夫だろうか 何か言われるのではないか	ギリギリまで準備の確認を続けた
4月2日	友達とランチに行った時、出てきた料理が頼んだものと違っていた	苛立ち 落胆	何でちゃんと聞いていないのかな でも、その料理もよいとは思って、迷ったものなんだよね ついてないな	「おかしいじゃないですか」と文句を言った後、言いすぎたかなと罪悪感が出て、「まぁ大丈夫ですよ」とそれでよしとした
4月3日	ちょっとしたお出かけの前に、美容院に行った時、イメージしていたのとは違ったセットで、とてもかわいらしくなっていた	喜び 期待 不安	ちょっとチャレンジだな、変じゃないかな 美容師さんの言うように、これも似合ってはいるかもな 次は、いつもと同じようにしようか迷うな	「ありがとうございます」と言って美容院を出たものの、落ち着かなくなって、元のイメージに戻すために自分で手直しした
4月4日	母親と電話で話した時、母親の発言に対して「それ、おかしいんじゃない」と言ったところ、母親は少し機嫌を損ねて電話を切った	憂うつ 苛立ち	またやっちゃった もっと違う言い方ができればよかったのかな	しばらく悶々として何も手につかない時を過ごした

心の水路は入り組んでいる

このように、書いたものを振り返ってみると、優香さんの心の動きがより客観的に見えてきます。

優香さんは、仕事に対してはかなり責任感をもってがんばっています。ただ、一章で見たトラブルの時と同様に、状況に対して〝もっともっと〟よくできたのではないだろうか、ともがいている様子が見て取れます。

日々のちょっとした想定外の事柄に対しても、基本的には〝もっともっと〟考えてしっかりすれば大丈夫、と自分に対しても相手に対しても求める傾向はあります。お店で注文と違う料理が出てきた時には、最初は相手に〝もっとちゃんとやってよ〟と伝えながらも、感情的に高ぶった自分を〝もっとうまく制御しなくては〟と、外に向けた苛立ちを自分に向けることで、やはり私はついてない、というネガティブな結論になってしまったようです。

母親との電話では、自然と思ったことを口にしてしまい、言った内容とは関係なく、相手を不快にさせてしまったこと、自分の発言がもっとうまくできなかったかと、ここでも「いいね」ができずに反省に入ってしまったようです。

記録を見ていくと、やはり優香さんは、何かがうまくいっている時でも、うまくいっていない時でも、自分に対して「いいね」と思うことが難しいようです。心の動きがパターンのように固定されています。〝もっと〟よくできなかったかな、と思い始めると完璧主義のように「これでよいのか？」と自分を責めてしまい、結果として「いいね」がなくなってしまいます。心の水路を流れる水をせき止めてしまうような、こみいった水路事情を作り出してしまうのです。

このように、人には誰しも、心にクセがあります。心の水路の入り組み方は人それぞれで、水の流れ方も人それぞれなのです。

自他を否定し、心を冷やす考え

ここでは改めて、自分の心の水路に水を流しにくくする心のクセについて考えてみましょう。心の水路に潤沢な栄養を含んだ水が流れ、心を潤し、心が温まっている状態がその人が満たされた状態です。生まれながらにして、人がこの心の水路を持っているというよりは、心の水路の基本パターンとなる設計図を持っていると言うほうが現実に近い気がします。人が様々な経験を通して、様々なものの見方のクセができていくのに沿って、水路が形作られていきます。この水路の形が入り組んで、水が心まで届きにくくなってしまっている人もいると思います。そのような心の水路のパターンや構造を、心のクセと呼んでいるのです。

優香さんの場合には、〝もっともっと〟よくしたいという強迫的なまでの〝完璧主義〟というクセでした。美羽さんの場合には、〝全面的他者優先〟というクセ、陽子さんの場合には〝自己を正当化して暴走する〟というクセがあるようです。

心を冷やしてしまう、自己否定につながるような心のクセをそのままにし続けると、心は固くなり、最後には凍ったようになってしまいます。できるだけ心を本当に喜ばせるものに触れていられるとよいのでしょうが、自分とは異なった様々な価値観の人たちと生きる社会では、傷つくことも避けられません。

ただ、傷つくこと自体は問題ではありません。傷ついて、少し渇いてしまった心が再び温められ、癒されることで、より丈夫になっていくのです。そのような過程が繰り返されていくことで、心はより潤いを保持するようなしなやかさを強め、そこにつながる水路は抵抗なく栄養を運べるようにしっかりとしていくのです。

心が傷ついた時、傷ついてしまった自分に対して「こんな私はダメだ」と思うことで、うまく発奮できればよいでしょうが、多くの場合、そのような考えは落ち込みを深くし、ますます心に栄養が届きにくくなってしまいます。このように、心のクセによって、その心に栄養が届きやすいかどうかの違いがあるとも言えるのです。

優香さんは、嬉しいことがあって一度は水路に水が流れても、次第に〝もっともっと〟という気持ちが強くなり、水が流れなくなってしまいます。例えば、何かの趣味を始めた頃は楽しんでいたのに、しばらくすると義務感のようになってしまい、楽しめなくなってしまう、という人もこのようなタイプでしょう。

美羽さんは、人が喜ぶということに自分の喜びを感じ、水が心の一部に届いて、少しは嬉しいのですが、「自分の心が求める喜ぶことをする」、という水路は、他者といると消えてしまい、心の一部は固くなってしまっているようです。

陽子さんは、心を満たすことを貪欲に求めていくのですが、「こうなってほしい」「こうしてほしい」といった条件が多く、なかなか心が潤いにくくなっています。自分が求めることは正しいこと！と自分を正当化することで、益々水路を混線させ、一瞬うまくいったと思っても、またすぐにうまくいかなくなる、といった状況に陥ってしまっているようです。

心のクセが、自責や他責に極端に偏っていると、それが水路上の岩のような障害となって、心に栄養が届きにくくなりがちです。水を流すために、「～すべき」というように考えることによって、極端に入り込みすぎてしまい、水が流れにくくなります。

苦しんだ結果として、人と関わることを避けたり、自分の世界だけに閉じこもってしまったりすることは、外からの栄養を心に届けなくすることであり、そのような回避行動は、心の渇きを強めてしまうことにつながるのです。

「心のクセ」を一つに絞り、よく見る

誰にでもある「心のクセ」

ここでは、前項で紹介した心のクセをもう少し一般的な形にして、説明してみたいと思います。ここまで、心に水を流す水路をたとえとして、〝心のクセ〟の説明をしてきました。この項で述べる〝心のクセ〟とは、人が必ず持っているもので、受け入れる情報の選択や、発想の特徴、といったもののことです。

私が取り組んでいる「認知行動療法」という心理療法のアプローチでは、この〝心のクセ〟が、感情が高まった時に、特に強く出てくるものととらえています。心のクセは、苦しい時に出てきやすいために、それで悪循環を招いてしまいます。ここでは、その一部を説明していきます。

優香さんは完璧主義という心のクセによって、よい・悪いの二分割思考に陥ったり、ちょっとでもうまくいかないことは失敗だ、などととらえてしまっているとも言えます。これは、「白黒思考」というクセにとらわれてしまい、心を益々苦しくしてしまっている、ということでもあります。

苦しくなると、その状態を〝悪い〟とみなして、すぐに改善しなければならない、すぐに改善しないことは悪いことだ、少しでも改善できていないところがあることは、よくならないということだ、という思考によって、自分を追い詰めてしまっているように思われます。

美羽さんが、お腹が減っているのに、一緒にいる友達の「今は食欲ないな」という言葉に引っ張られてしまっている時、「全面的他者優先」の傾向に支配されてしまっていることは明らかです。それは、相手の気持ちを自動的に過剰に予測し、その予測に基づいて行動する「過度の予測」というクセでもあります。自分の身体が訴えている声が聴けなくなり、後でその反動のような空腹に耐えがたくなるでしょう。

最初は、相手の言葉に対しても「へぇ、そうなんだ」というくらいのことが頭をよぎっているだけなのに、相手についての些細な情報を過剰にふくらませ、いつの間にか頭の中の考えを「過度の予測」でいっぱいにしてしまうことで、自分を追い詰めてしまうのです。

陽子さんの自己正当化と暴走の傾向は、「べき思考」というクセに当てはめれば分かりやすいでしょう。夫は（私がよいと思った）意見に従う「べき」、うまくいかなかった仕事も、私は一生懸命がんばっているのだから、非難ではなく、「大変だったね」と共感される「べき」、と思いすぎてしまいます。「べき思考」にとらわれてしまい、苦しくなり、暴走も益々激しくなっていく、という悪循環に陥っていくのです。

これら「白黒思考」「過度の予測」「べき思考」、などの心のクセは、私たちの感情を支配します。これらは、頭の中で絶えず繰り返されている〝つぶやき〟となって、強く影響を与えているのです。

心のクセを客観的に見つめてみよう

そうは言っても、心のクセを問題視する必要はありません。それは、先ほども言い

● 感情が高まった時に出てきやすい「心のクセ」

優香さんの心のクセ

完璧を目指す「白黒思考」によって自分を追いつめてしまう

美羽さんの心のクセ

他者を優先する「過度の予測」によって自分の考えがなくなる

陽子さんの心のクセ

「べき思考」によって感情が暴走してしまう

▶ あなたの心のクセは…？

ましたが、誰もが持つクセの一つであり、その一つが苦しい時に限って過剰に出てきてしまうだけのことなのです。自分がとらわれがちなクセを考える時、あんなクセがある、こんなクセがあると、目が移りがちになるのですが、一つだけに絞って、そのクセが自分の頭の中で動くのを観察していくように心がけてみてください。つまり、より丁寧に外の状況も自分の内面も見るということ、考えてみることなのです。**そのようにして心のクセが自分に与えている影響を客観的に見られるように練習することが大切なのです。**

心に注ぐ水の障害となる心のクセに気がついた時、つまり障害物を見つけた時には、障害物をどけたい、つまりはそのクセの暴走を止め、ブレーキをかけ、結果として水が流れるようにしたい、と思うのは自然なことかと思います。

しかし、そのような取り組みによって、心に栄養を届ける水がすぐに思った通りに増える、ということではありません。ただ、心に届く水の状態、栄養状態、心の栄養の吸収状態など、観察ができれば、よりよい改善ができると思います。

Column
5 認知行動療法

「認知行動療法」という言葉を聞いたことがある人もいるのではないでしょうか。うつ病や様々な精神疾患への治療として、日本でも近年、特に注目されている心理療法です。

私は、長くこのカウンセリングのアプローチを学び、取り組んできました。その結果、今は私のカウンセリングの一つの柱ともなっており、実はこの本にも、認知行動療法の発想がたくさん盛り込まれています。

認知行動療法は、「人は、自分が直面している状況に対し、何らかの判断や評価をするもの。そして、その判断や評価は、その後の自身の気持ちや行動に影響する」という考え方を基本としています。例えば、何かをきっかけにある人に対しての見方が変わってから、その人を前にした時の気持ちも態度も変わった、という体験と同じことです。

認知行動療法では、考え方やもののとらえ方、といった自分の考え方のクセを見ていくこともあれば、様々な行動の選択肢を広げていくように援助していく場合もあります。止めたほうがよいことは分かっていても止められない、ということにどう対処していくか、ということでもあります。

このように認知行動療法は、人の物事のとらえ方の傾向、行動や気持ちに対する研究の上に、人はどのような時に変化しやすいのか、という研究を更に加えて、人の気持ちを調整するアプローチとして進化し続けているのです。

自分との対話

人が抱えている悩み

心のクセは、意識しないうちに始まっている心の動きでしたね。この心の動きは、私たちの気持ちや行動を促しています。つまり、**心のクセを見つめ、改善していくということは、知らずに進んでいる頭の中での対話を意識することなのです。**

人が抱えている主な悩みは、人間関係と自分自身について、そして経済の悩みです。人間関係では、親、子供、友人といったプライベートな人間関係と、学校や職場における上下関係、同級生や同僚との関係といった、社会生活を送る上で避けることのできない人間関係があります。人間関係が悪化すると、虐待やいじめといった、人の安全な存在を脅かす大きな問題にもなってしまいます。

経済の悩みについては、私の専門ではないのでここでは触れません。そして、自分自身についての悩みです。これも、大きな悩みです。自分の能力、価値、評価、人に愛されているかどうか、人を愛せるかどうか、考えると悩みは尽きません。

他者との関係は、待ったなしで対処しなければならないこともありますが、この本ではあえて、様々な他者との人間関係を何とかしようと考える前に、自分との関係を見つめてみよう、ということを提案しています。

他者と、お互いに思いやり、大切にし合える関係は、望ましい人間関係ですよね。人のことを大切にするためには、「自分を大切にする」感覚が必要です。**自分に対して批判的、否定的な気持ちを持っていると、人に対しても同様に批判的、または否定的な姿勢になりがちです。**

実際に人のことを批判せず、表面的には問題のない関係を構築していたとしても、本当の心の交流ができているわけではありません。他人と心が通い合う関係を作るためには、自分の心を適度にオープンにすることが必要なのです。もちろん、状況を工夫して、そのような関係を意識的に作り上げる場合もあります。カウンセリングの場面も、そのようなものの一つかもしれません。いずれにせよ、自分の心を閉ざしている時に、本当に人の心と触れ合うことはできないのです。

まずは、自分との関係を見つめる

実際に私たちカウンセラーも、人と関わることを生業としながらも、自分の問題を見つめて解決していく取り組みを終わりなく続けています。その結果、限界はあるのですが、心で感じたことを素直に表明し合えるような関係を築きやすくすることを目指し、研鑽し続けているのです。このように、人は自分の心が感じていることを手掛かりに、心のクセ、つまり心の中のつぶやきを見つめていくのです。最初から完璧な人間など、どこにもいませんし、〝完璧な人であるべき〟だと追求しすぎなくてもよいのです。

繰り返しになりますが、自分を甘やかさず、厳しく追い詰めず、様々な心のクセにとらわれることに気づきながらもそこから離れ、自分を自由にしていく取り組みは本当に有効なのです。

それ故に、あえて私はこの本で、他者との関係の前に、自分との関係を健全なものにしようとすること、つまり自分のことを大切にすること、を皆さんと一緒に考えていきたいのです。

Column 6

「聴くこと」の専門性

カウンセリングについて、「話を聴くだけでしょ」と言われることがあります。カウンセリングでは、話されたことも、言葉にならない感情や心の声もしっかりと「聴く」のです。更に、しっかりと聴いた後には、様々なワークや介入を行いますので、「聴くだけ」とは言えないかもしれません。

聴いていく中で、話をしている人の心は、何を本当に聴かれたいのだろうかと考えます。不快な状況の訴えと、こうなりたいという理想とのギャップが明らかになります。その不快なことに、深く共感することはしばしばです。目指したい理想が適切なものかを話し合い、現実に適した目標を明らかにしていく過程を必要とすることもあります。

その後、目標に近づくための取り組みが始まっていきます。

そして、取り組みの過程では、クライエントは少し苦しい時間を過ごすこともあり、カウンセラーによる道案内や支えが必要となることも少なくありません。

何らかの外的要因によって苦しめられていると感じている人は、「この状況が思い通りにならない限り、自分の気持ちは休まることはないだろう」というふうに思いやすいものです。ただ、思い通りになることは不可能なことも少なくありません。自助グループなどでよく唱えられている“平安の祈り”には「変えられるものを変える勇気を、変えられないものを受け入れる落ちつきを、その二つを見極める賢さを」という言葉があり、それを支えの一つとする人もいます。

自分を大切にするという意志

意志を持つことの大切さ

心のクセは、なくて七癖。人の心に自然に備わっているものです。そして、心に栄養を届けられるようになるためには、もう一つ大切なことがあります。「心に栄養を届けよう」という意志を持つことです。**つまり、自分のことを大切にしよう、という意識を持つことは、実際に自分のことを大切にできるようになるための重要なステップなのです。**

自分を大切にするということは、ナルシスティックな自己愛に溺れる、ということとは全く異なっていることを、読者の皆さんは理解しておられるでしょう。

心が温まり、ゆったりとしているから、自分に対して、やさしくなれる。同時に、周りの人や生き生きとし生けるものに対しても、やさしくなれる。そんな姿勢を保とうとすることです。陽子さんも「心に栄養を届けよう」という意志は強く持っていました。ただ、柔軟さがなく、直情的でありすぎることで、他者との摩擦が大きくなっているのは、見てきた通りです。

そうは言っても、いつもそのような意志を持つことも、ゆったりとした気分になりきれないことも事実です。生活していると、嬉しいこともあるけれども、嫌なこと、思い通りにならないことも沢山あります。優香さんのように、これでよかったのかな、と振り返ることも少なくないでしょう。そのような時には、気持ちが沈んだり揺さぶられてしまいます。

気持ちが落ち込んだり不安定になるから、そんな自分を好きになれない、という人もいます。ただ、そんな気持ちの揺れは避けられない場合も多く、人ってそんなものだから、そんな自分でよい、と思えればよいのです。

苦しみは通り過ぎる

ネガティブな気分の中でも、相手のことを大切に思い、自分のことを大切にするために、関係を丁寧に扱うことはできる、ということを教えてくれた、あるカップルの話です。

そのカップルは、かつてはけんかが激しかったようです。けんかをした時にはもう一緒にはやっていけないんじゃないだろうか、別れたほうがよいのではないだろうか、別れたい、という思いを強く持ってしまっていました。しばらくするとまたとてもよい関係に戻るのですが、ジェットコースターに乗っているような気持ちの変化の激しさに参ってしまい、現状打破をしたいとカウンセリングに助けを求めてきました。

カウンセリングを通して、この二人は怒りをコントロールする練習をし、その力を次第につけていきました。相手に対して怒りを感じた時の表現の仕方も身につけていきました。取り組みが一定のレベルに達した頃、とても印象的なことをおっしゃっていました。

「今でもけんかはしますよ。でも、前は怒っている時には、『もうこの人とは別れる』なんて思っていたんですけど、今はけんか中でも、『ま、それでも好きだし、こうやってけんかしててもじきに仲直りはするんだけどね』などといった考えを浮かべながらけんかをしているんです」、とのことでした。

苦しい時には、苦しみが永遠に続くような気がして、自暴自棄になってしまいがちです。そのような時、「苦しみは通り過ぎる」ことを思い出しましょう。一度頭の中で発火した感情は、そのままにしておけば一分もたたずに消えていくのです。

自分を大切にし、更には好きになれるかどうかはすぐには分からなくても、自分の心に栄養を届けるように、意識してみることから始めましょう。

想定外も想定内 一〇〇%の達成は不可能

全てをコントロールはできない

日々の生活の中で、想定外のことが生じるのは自然なことです。しかし、大震災の後に、「想定外でした」という言葉が言い訳のように飛び交い、「想定外」が起きてはいけないことのように感じている人も、少なくないのではないでしょうか。

確かに、科学的知識や経験を土台にしつつも、想像力をたくましく「想定外」に思いをはせ、できる限りの準備を尽くすことは大切です。それでも、「想定外」は起こるということにあえて言及したいのです。何も考えず怠惰な中で生じた「想定外」は、「想定外」とは言いませんね。それは、単に全く備えていない、ということになります。

ここで述べたいことは、どんなに十分に想定したとしても、一〇〇％想定の範囲内に収めることは不可能で、全てをコントロールすることはできないということです。つまり実際は、想定して備えることにも、限界があります。極端な例を示してみれば分かりやすいと思いますが、隕石が落ちてくるかもしれないから、地下のシェルターで生活を余儀なくされている、という人の話を聞いたらどのように思われますか。隕石の落ちてくる可能性、つまり地下で不自由な避難生活を送り続けるデメリットとメリットを比較し、対処策をより現実的に検討することが大切なのです。「想定」したことには備えるべきだ、という「べき思考」に陥らずに、あくまでも確率の問題や、対処にかかる負担等も考慮し、広く丁寧に検討するのです。

「人は普通…」にとらわれない

さて、なぜこのような話をしているかというと、私たちの心がダメージを受けること、これもしばしば想定外のことによるからです。心のクセなどを検討するのも、栄養が届かなくなる可能性を想定し、その障害を少しでも取り除くべく努めるということとつながっていたと思います。

すでに述べてもきましたが、人と関わりを持つ中で、傷つく体験は想定されていても、完全に避けることはできません。一〇〇％の安全のために、人と関わらないようにするという対策では、心が潤うための水が流れなくなってしまいます。

私たちを取り巻く状況が全て思い通りになるようなものではない、ということも多々あります。状況が思い通りになることで、初めて心に栄養が届く、ということが主張されてしまうと、例えば、大切な人との別れを経験した人、大きなミスをしてしまった人、心の病でやむなく休職をした人など、その体験から先は、ずっと心は渇いたままになる可能性がある、ということになってしまいます。

思い通りになっていない状況が、必ずしも不合理で最悪なものではない、という客観的な視点を持つことは、有益な対策なのです。それは、状況を丁寧に見ることでもあり、自分を大切にすることにつながる重要なステップともなります。

何かについて「これは絶対に正しい」「これに対しては別の選択肢はない」というようなことが頭に浮かんでいる時には、その「正しさ」について、「世の中全ての人にとって完全に正しいのか」「過去、現在、将来にわたってその正しさは保証されうるのか」と検討をしてみましょう。この検討をクリアーできるものを、私はなかなか思いつきません。

とある状況を話す時に、「普通、人は…」といったように、「普通」という言葉が出てくることがあります。そのような状況では、多くの人が深く考慮せずに「それはそうだよね」「分かるよね」と同意し、その考えに対する反論はありえないというような空気が生まれていたりします。

特に、日本人はこの「空気」を大切にしすぎる傾向があり、そのことは山本七平《やまもとしちへい》を始め、多くの思想家、研究者たちが指摘しているところです。「普通」「誰もが」「必ず」といった、疑ってかかること自体を拒否するかのような考えには、特に注意が必要なのです。

心の中に風を通す

起きていることをありのままに受け止める

心のクセなどから離れ、「～したい」といった欲求からも離れ、ただありのままを観察して、そしてそのままを受け止める、ということは、とても有益な技術です。ただありのままに感じ、ありのままに受け止める。最近注目されている「マインドフルネス」という発想ともつながるものです。マインドフルネスとは、そのあるがままを何の評価もせずに受け入れられている状態を指す言葉です。元々は、ヨガや坐禅の時の精神状態の研究から明らかにされた概念です。

私もマインドフルネス・ワークショップを開催していましたが、マインドフルネス・ワークとは、「丁寧に今を感じる練習」です。前項では確率の話をしましたが、科学者は何かを信じ込もうとせずに物事を客観的に見て、事実を探究しようという姿勢を、長年の研究を通して身につけていきます。

ここで述べているような、「ありのままを受け止める」ということも、時間をかけた取り組みの中で、少しずつ身についていくものなのです。

完全にありのままの状態を受け止めている時、更にそのことを認識する自分からも離れた時には、心は自由の世界に飛びたっていることでしょう。〝悟り〟に至った人のように、ある意味で究極の客観性を身につけた、ということなのかもしれません。いつの間にか自由を奪う心のクセから離れることができた時、心の中に新たな風が通っているのかもしれません。

私が昔、ご縁があってあるお寺で坐禅の行に入らせていただいた時、禅の世界で有名な原田雪渓《はらだせっけい》老師に「とことん、ただひたすらに尽くしなさい」と指導をいただきました。中途半端にあれこれ考えるより、日々の生活を丁寧に、集中して過ごすことなのかと思います。なかなかその教えを実践できていないのですが、食べる時には食べること、人と話す時には話すこと、ただその時々の目の前のことに尽くす、それだけのことなのです。

最近は、日々の生活にヨガや瞑想などを取り入れている人も増えてきました。一日の中で数分間でもよいので自分を振り返る時間を持ち、「〜」のように考えているんだなぁ、「〜」のように感じているんだなぁと、心のクセが出ていることに気づきながら、少し現状から距離をおく工夫も、時間をかけて重ねていくと効果が出てきます。

そのような練習は、一度だけ試してみても、すぐにはその効果が分かりにくく、大きな変化を体験することはありません。繰り返し練習し続けることによって、頭の中に浮かぶ評価や思い込みなどという、人を縛る考えから自分を解き放てるようになるのです。

心に訪れる新しい風

心のクセがあるから、心に風が通らない、心の水路に水が流れない、ということではありません。そのままにその存在を認めるのです。否定したくなったとしても、否定する必要はありません。クセがあっても、とらわれないことで心の水路には水が流れ、心が潤うのです。

特に現代は幸いなことに、価値観の多様性が認められるようになってきつつありますね。一般社会で受け入れられている従来の価値観を理解しながらも、微妙にそれぞれ違うところがあること、そして自分の価値観を認識し、柔軟に調整し合えればよいのです。

今、心に流れ入ってきた風と全く同じ風が入ってくることは、二度とありません。絶えず、新しい風が私たちの心を訪れているのです。

この章では、心が潤うことについて、様々な心のクセについて、そして更には心の動き方について解説しながら、いくつかの取り組み方を提示させてもらいました。

次の最終章では、皆さん自身の取り組みに役立ててもらえるように、より具体的にお伝えしたいと思います。

Column 7

「私、うつかも」

「私、うつかも」というセリフは、どのような時に言うのでしょうか。ちょっと大変なことを終えた後に、「疲れた」という代わりに「うつっぽい」と言ったり、疲れがなかなか取れない時に、「うつかも」と言うことはあるでしょう。ただ、そのように言っていたとしても、その人が、精神科を受診して、精神科医からうつ病かどうか診断してもらう、という行動にはなかなかたどりつかないようです。

近年、インターネットなどで、病気かどうかの基準や、心理テストなどを探す人も少なくありません。しかし、本当に「うつっぽい」人は、そのエネルギーも余裕もなく、かつその状況を認められず、自分から病院に行くということはなかなかできません。周りの人にうながされて受診やカウンセリングに来る、というケースが多いようです。

ちょっと落ち込んだ状態＝うつ病である、ということはありません。ショックなことがあった後に、抑うつ気分に陥ることは自然なことです。通常は、落ち込んでも一定の時間を経て、いつもの状態に戻るのです。ポイントは、いつもの状態に戻る力がちゃんと働いているかどうかです。

どれだけ寝ても疲れが取れない。気分がずっと変わらない。2日間、ひたすらゆっくりしてもその状態が変わらない。少し休みを増やして、4日間ゆっくりしても変わらない。こうなったら、明らかに戻る力、つまり回復力が弱っています。人は、その状態に応じて自然に変化するのですが、その変化が滞ってしまっている時、病気の可能性が疑われるのです。

第4章

少しずつ、無理なく、取り組む

自分の解決したいテーマを決める

何に取り組むか、〝一つ〟だけ選び具体的に計画を立てる

ここまで、自分を大切にすることについて、自分の心に潤いを与えることについて、書いてきました。この章では、その具体的な取り組みについて、紹介させていただきます。

日々の生活の中で、何かしら気になることが終わって一息ついていると、別の気になることが現れます。一つの問題が片付いたと思ったら、すぐに次の問題が出てくる、ということを皆さんも体験しているでしょう。

では、実際に頭の中でどのようなことが起こっているのか説明しましょう。**頭には**

それ程たくさんのことを同時に検討する容量がないので、一度に扱えるのは一つの問題だけ、ということです。

料理も洗濯も掃除もしたいけれども、全てを同時にはできないので、一つずつこなしていくことと同じです。

次の課題は、一つ目の課題が終わるまで、「やることリスト」にのせられたまま待っている、という状態なのです。

次々に出てくる問題に、追いかけられているように感じ、「私は問題ばかり引き寄せる不幸な星の下に生まれたのではないか」と心配になっている人もつらいでしょうが、問題がないけれども、何もすることがない状態が続くなんてことも、それはそれで苦しいものでしょう。

ここから、より具体的に取り組みを整理していきましょう。

まずは、「やることリスト」にのっている課題（やりたいこと、または今、自分が抱えている問題）を改めて確認し、自分にとって解決したいと思える大切なテーマを選び出してみましょう。次のポイントを参考に考えてみてください。

◆三か月間、その課題に継続的に取り組もうと思える（三か月が長すぎると感じる人は、一か月でもよしとしましょう）。
◆その課題に取り組むことは、自分にとって大切なことだ。
◆その課題への取り組みに関して具体的な目標や行動が、ある程度イメージできる。

いかがでしょうか。
優香さん・美羽さん・陽子さんの例を見てみましょう。

●優香さんの取り組み目標＝自分へのダメ出しをせず「いいね」を確認する

「これでいいのかな」「あれでよかったのかな」というように、一度はよしとしたものに対して、ダメ出しをし始めていることに気がついたら、「現実的に解決しなければならない問題があるのか」と一分間考え、特に思いつかなければ「いいね」とする。

ただ、優香さんは「いいね」とした後に生じる「それでよかったかな」という不安をいかにして拭えるのか、が懸念でもありました。

そこで、「いいね」と思えていないのに自分に無理やり言い聞かせるのではなくて、

・「それでいいのかな」と思うクセがあることの自覚をして「いいね」を確認する。

・過去に「それでよかったかな」という考えが頭をよぎったけれども、やはり「それでよかった」複数の事実を事前に書き出しておき、繰り返し見て思い出せるように「いいねノート」を作っていく。

・「いいね」という考えと、「もっとできたはず」という考えが、自分の中でそれぞれ何％ずつかを考えてみて、客観的に評価する。

・一度決めた取り組み自体に対して、「もっと別のことのほうがよいかも」と考えてしまい、それまでの取り組みをゼロにして一からスタートする、というようなことを繰り返さないように注意する。

といったように、自分の納得できた検討方法を工夫して、不安が現実を超えて頭の中で大きくなっていることに対処できるようにしました。

●美羽さんの取り組み目標＝自分の主体性を大切にする

買い物などで何かを選んだり決めたりする時、自分の中の「いいな」を感じ、「選

んでいる」ことを自覚する。どちらでもよい場合など、あまり選択を迫られていないように感じたとしても、「今日はこっちにしよう」と「選ぶ」ことを意識する。このようなステップで、少しずつ「自分で選択をする」ことから、「自分の感覚を見失わない」ようにする練習を進める。

いつも同じものを選ぶ場合もあれば、いつも違うものを選ぶ場合もあることが予想されるので、選ぶ際に自分の中にある固定したルールや傾向に気づきながら、それにとらわれないように注意することを意識するようにしました。

●陽子さんの取り組み目標＝怒りが強くなっている時には行動に移さない

苛立った時に、「相手が間違っている」「私は間違っていない」と思っても、「相手の行動や発想にも少なくとも一理ある」と考える。怒りの強さも、「少し」「まぁまぁ」「やや大きい」「とても大きい」、などと、強さによって対処を変えられるように意識する。

私ばかりが我慢させられている、といった考えで怒りの火に油を注いでしまわないように、怒りにブレーキをかけられた回数を記録し、一〇回になる毎にご褒美に好きなワインを開けるなどの、イベントを作る。

さて、三人それぞれ、真剣に計画を立てました。次頁から、取り組む三人の様子を見ていただきましょう。

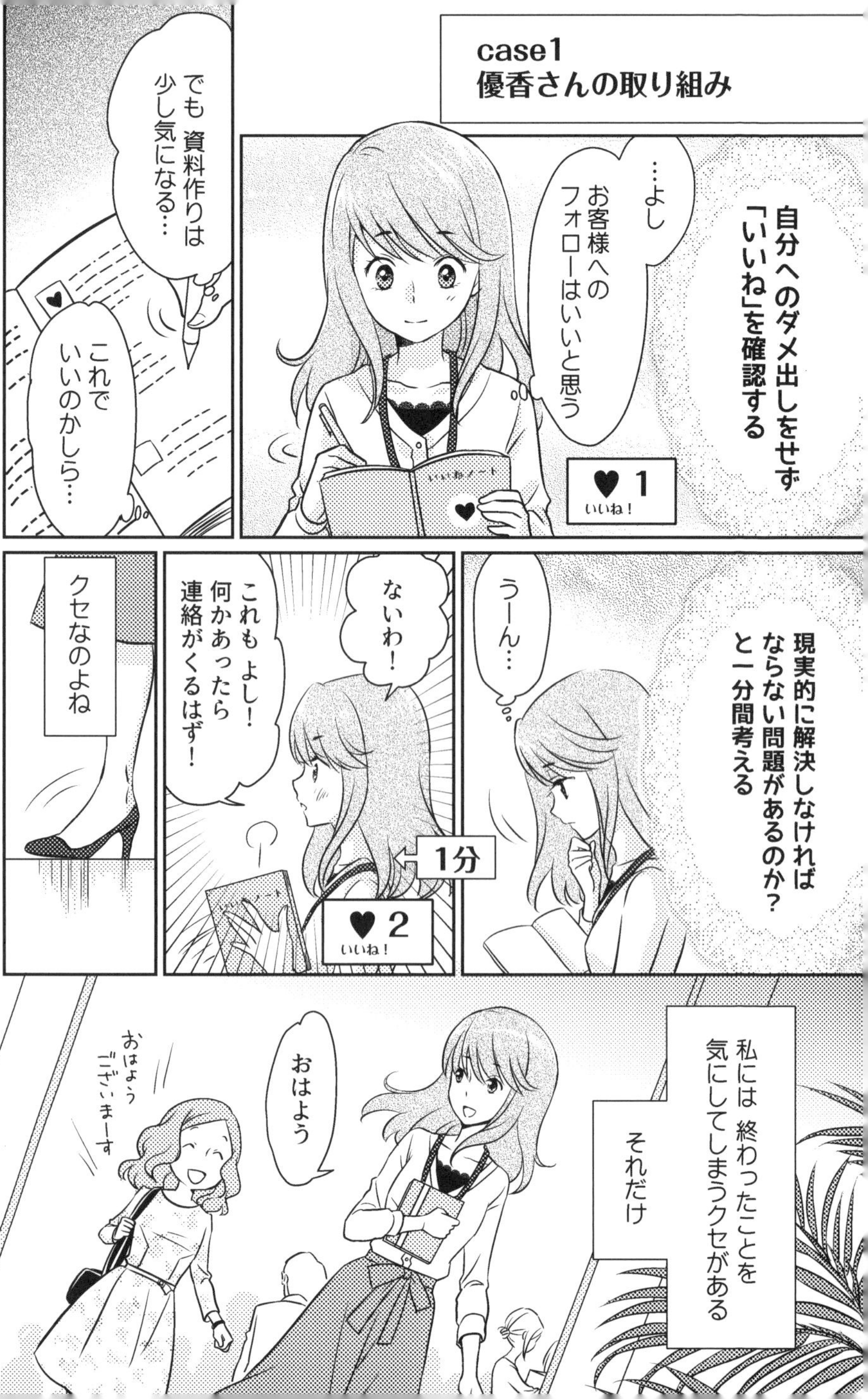
case1
優香さんの取り組み
自分へのダメ出しをせず「いいね」を確認する
…よし お客様へのフォローはいいと思う
♥1 いいね！
でも 資料作りは少し気になる…
これでいいのかしら…
現実的に解決しなければならない問題があるのか？と一分間考える
うーん…
ないわ！
これもよし！ 何かあったら連絡がくるはず！
1分
♥2 いいね！
クセなのよね
私には 終わったことを気にしてしまうクセがある
それだけ
おはよう
おはようございまーす

無理に全てを「いいね」にする必要はないし
客観的に評価することが大切なのよね
う〜〜〜ん……
もちろん それでも悩む時はあるけど
いいねノート
そういう時は…
この「いいねノート」!
バッ
過去の「それでよかった」事例が書き出してあるの!!
うん 前にもこういうことはあったんだわ
これを参考にすればきっと大丈夫

「いいね」と「もっと できたはず」の割合を客観的に評価する
いいね！
もっとできたはず…
うーん
うん これなら大丈夫！
優香 最近すごく明るいけど何か いいことでもあったの？
仕事も調子いいみたい
うん 最近 仕事のやり方を見直してみたら すごく気分が楽になったの！
毎日楽しくって！
へぇ〜
この調子で続けていけば三か月後が楽しみ！

case2
美羽さんの取り組み
自分の主体性を大切にする
う〜ん…
どっちがいいかな…
こっちの方が彼は好きかも
フェミニン
うん…きっと
ち 違う…!!
私は「自分のために選択」をしに来たのに!!
何でもいいからとにかく自分で選択する
お決まりですか?
ここれください…!
私にはこっちの方が似合ってる…!
自分の中の「いいな」を感じ「選んでいる」ことを自覚する

私に必要なのは「自分の感覚を見失わない」ように練習すること…
え〜と…
…ヨーグルト
別に どれでも いいんだけど…
いけない!!
これ!!
いつもは安いのにするけど
今日はこれにする!!
「選ぶ」ことを意識する!!
自分の中にある固定したルールや傾向に囚われない!
CINEMA
映画…
今度誘ってみようかな…

今日 どこ行こうか
！ 映画 行きたい！
え
珍しいね そんな主張するの…
もう 観たい映画も 決まってるの！
だ ダメ？
そうなの⁉
まさか
ああ それ 俺も観たかったやつ
本当？ じゃあ 決まりね
自分と相手の 主体性を大事にして うまくすり合わせて いけるといいな

case3
陽子さんの取り組み
怒りが強くなっている時は行動しない
むー…
私は間違っていない
…いないけど 相手にも事情はある…と思わなきゃ
だらだら
ぐー
せっかく いい天気だから家族で出掛けようと思ってたけど…
仕方ないわ旦那は夜勤明けで疲れてるんだし…
私の怒り指数もこの程度なら大したことないわ
4 とても大きい
3 やや大きい
2 まあまあ
1 少し
今ココ
陽子の怒り指数
こういう時は私も何もしない！
ふー
ぽち

うーん 落ち着いてきたかも
あっ 今ので 一〇回目の我慢 じゃない！
怒りにブレーキをかける ことができた回数を 記録する
ひょい
？
おや？ どうしたの 二人とも
今日は無理だけど 明日は日曜だし 森林公園でも 行こうか？
どうしたの 急に…？

ごめんな 陽子
いつも家族のこと考えてくれてるのに
……
何よぉ 今更気付いたの?
がんばってるのは私だけじゃないものね
よーし!
ポーン!
怒り一〇回ガマン記念のご褒美ワイン!!
わーーい
これなら楽しく続けられそう!

時間を意識して、未来の目標を確認する

三人それぞれが、取り組みを続ける中で、変化を感じ始めているようです。

二章では、優香さん、美羽さん、陽子さんの心にダメージを与えてしまう仕組みが、どのように過去の経験とつながり、固定した心の水路を形作り、心のクセとなっていたのか振り返りながら、確認してきました。過去を詳細に分析するということではなく、明らかにできる範囲で整理しておくことは、取り組もうという気持ちを高めます。そして将来、どのようになりたいのか目標を確認するのです。

前項で、三か月間の取り組み、としましたが、三か月後に自分はどうなっていたいのか、そこをしっかりと考えてみるとよいでしょう。

計画した取り組みに対して、「実際にできそうか」「取り組みに意味があると思えるか」という質問をして確認します。そして、全くできない／意味がない（〇点）から完全にできる／意味がある（一〇点）という感じで、点数を付けて評価してみること

で、その取り組みが現実的であるのか、ある程度は判断できると思います。

【一定期間、取り組みを続けること自体を目標とした優香さん】

優香さんが取り組もうとしていることは、一度よしとしたものに対して「これでいいのかな」「あれでよかったのかな」と考え、ダメ出しをしていることに気がついたら、一分間考えなおし、特に問題がなければ「それでよい」とする、ということでした。これがある程度実行できている時、優香さん自身がどのように考え、感じ、行動しているのか、という具体的なことを想像してみましょう。

「それでよい」「まあいいか」とある程度強く思えていることは、優香さんにとって不安にとらわれる時間を減らし、気分のよくなることでしょう。優香さんは三か月後を想像して、楽しみと不安が交錯しています。実際に、取り組むということは、気持ちの揺れることでもあります。そのような気持ちを受け止めながら、取り組みは何とかできそう（七点）だし、意味があると思える（八点）ので、がんばってみよう、と思えている状況です。

【自分の主体性を強めることを目標とした美羽さん】

美羽さんは、人といる時に、相手の気持ちを「過度に予測」して自分の主体性が消えてしまうことを改善するために、まずは日常生活で「自分が選んでいる」ことを自覚するという取り組みをすることにしました。つまり、「私はこうしたい」という認識を高めようとする取り組みです。

自分の欲求を押さえ込んでいる、というよりも、自分の欲求はまるでなかったかのように消えてしまう、ということが美羽さんが実際に感じていることでした。欲求を人に対して強く主張することは好きではないという美羽さんは、その構えは変えずに大切にしながらも、相手と自分の間で、お互いの欲求をすり合わせていけるんだ、ということを体験することが必要だということに気づいていきました。美羽さんと一緒に過ごしたい、美羽さんのことを支援したいと思っている彼氏に、現状を共有して、何かしら選んだ後には、「私は…を選んだんだ」ということを彼氏に伝えていくことも、練習していくことも目指すこととしました。

取り組みはできそう（五点）、意味がある（九点）という事前の評定でした。

【怒りのままに動かないことを目標とした陽子さん】

「私は正しい」「相手は間違っている」という「べき思考」にとらわれ、怒りを暴走させてしまう陽子さんは、苛立った時に一息置く、ということを目標にしました。単に我慢するのではやりきれない気持ちになり、逆に怒りが暴走してしまうのではないかと心配した陽子さんは、ちゃんと、自分へのご褒美をその取り組みの励みにする、という工夫をしていました。

人と仲良く過ごすことが好きな陽子さんは、このような取り組みによって、楽しい時間を増やすことができるのではないかというイメージを作れていて、できそう（六点）、意味がある（一〇点）としていました。

三人の取り組みのように、状況を丁寧に見て、取り組みの目的を整理しながら進めていくことは、この本で目指している、「自分を大切にすること」で心を潤していく、ということにつながっていることを、皆さんには分かってもらえると思います。

このようなステップを、もっとさっさと進めたい、という人もいるかもしれませんが、十分に時間をかけてしっかりと振り返った上で計画を立てて進めることは、結果として目標に近づくためにはとても有効です。急がば回れ、とか、段取り八分、といった言葉がありますが、まさにこのことを指しています。急《せ》いては事を仕損じる可能性が高い、という昔の人の教えです。

新たな取り組みは、今までと違う心の栄養のもらい方を学ぶ、ということでもあります。そして、心の水路を整備し、今までとは違う種類の栄養も心に届けられるようになり、心がそれによって潤っていくことを実感できるようにしていく、という作業でもあるのです。

Column
8 「和が大切」vs「個が大切」

日本はもともと「和」を大切にしてきた文化だ、ということに異論はないでしょう。ただその「和」は誰とでも、ということではなく、「一見さんお断り」というように、一定の関係の中で維持されるものでした。一方、「親しき仲にも礼儀あり」というように、その関係の中で距離を測ることも、日本では大切にされていました。

そして大戦後、「個」の確立という発想が他国から入ってきました。これによって、従来の「個」の持つ「お互いを尊重する」ことよりも、「自己主張」の側面を強調することになったのです。

結果として現在は、「和」と「個」の価値観が混乱したまま、アンバランスに片方が強調されることも多くなっています。この「和」と「個」の違いを簡単に言うと、「私たち、一緒だよね。一緒にがんばっていこう」というスタンスと、「私は私、あなたはあなた。違ってよし(そして、時にはお互いに大切にし合える)」というスタンスの違いです。

「和」は誰とでも成り立つものではありません。「個」も1人では成り立ちません。夫婦関係を例にすると、2人が出会い、相手をよいなと思う時期は、「和」が先行します。嫌なところも見えてきつつ、理解していく時期は、「個」が強くなります。更に、相手を受け入れようと取り組む時期は、土台のしっかりした「和」を築く時期で、受け入れ合えたと感じる時期は、「和」を体感する時期。これらの時期は、様々な場面で繰り返されるのです。どちらをより大切に感じるかはそれぞれですが、「和」と「個」の関係を改めて見ることで、自分を過剰に押さえ込まずに、自分も相手も大切にできるようになるのです。

少しずつ、取り組みをステップアップさせる

「スモールステップ」を意識して

ここまで、優香さん・美羽さん・陽子さんの取り組みを見てきてもらいました。読者の皆さんにも、ご自身のことと照らし合わせながら考えていただけると嬉しいです。「自分を大切にする」「心を潤す」ということは、インスタントラーメンのようにすぐに作れるものではなく、熟成した出汁をきかせたラーメンを一から作るように、手間はかかるけれども味わい深く、その価値があることを感じていただいているのではないでしょうか。

目指すゴールのイメージが遠すぎたり、大きすぎたりすると、そこに到達すること

はできないのではないか、と感じてしまうものです。

「スモールステップ」という言葉があります。そんな時には、目標に向けての歩みを、小さな一歩に分けてとらえてみましょう。

今日できたことが、ちゃんと目標につながっていて、次のステップに進む。そのような一日一日の取り組みを少しずつステップアップさせていくことで、無理なく段階的に進んでいくことができます。

読者の皆さんはお気づきかもしれませんが、この本を通して、優香さんらもスモールステップを踏んできているのです。最初は、困った状況を確認したところから始まりました(一章・三八頁)。そして、自分自身を振り返りながら(二章)、それを整理していき(二~三章)、それぞれの心のクセを確認し(三章・一〇四頁)、具体的に取り組むことを決めてきているのです(四章・一二八頁)。

具体的な取り組みを実際に始めた後に、その一歩のハードルが思いの外高く、更に小さなステップに分けたほうがいい、ということもよくあることです。

何とかしたいことがある時に、

①まずその状況を整理する
②自分の気持ちに叶うような目標を確認する
③目標に向けた取り組みを具体的に計画する
④取り組みを続ける中で、微調整を続ける

という流れで大枠を理解しておけると、自分の取り組みの進み具合や、自分の今いるところが分かりやすくなるかと思います。

取り組みが思い通りの結果につながらなかった時にも、失敗していると思わずに、「試してみた」というように位置づけて、自分自身の情報を集めることができた、という位にとらえましょう。あまり自分を責めず、追い込まず、その新しい情報も組み込みながら、丁寧に取り組みを先に進めていただければと思います。

人によっては、生きる意味や、幸福といった実存的なことを目標にしたいという人もおられます。「よく生きる」「幸せになる」「心を豊かにする」といった抽象的な目標で、自分を動かすことができる人もいます。

一方、曖昧であったり抽象的なものではうまくいかない、より具体的で現実的な目標を設定したほうがよい、という人も少なくありません。私がクライエントさんと一緒に取り組む際には、最初は具体的な目標設定から確認することが多いです。

自分に合った目標設定を、そしてスモールステップを、作っていただきたいと思います。

信頼・価値・親密さ

自分を大切にするための視点

「自分を大切にする」ということには、様々な側面があります。最終的には、自分のことが好きだと思える、そして人や社会に対しても肯定的でいられる、ということに尽きるのかもしれません。

ここでは、「自分を大切にする」ことを確認する、三つの視点を紹介したいと思います。それは、信頼・価値・親密さ、というものです。それぞれに、自分自身について、他者や社会について、という裏表があるので、六つの視点、と言えるかもしれません。

まず、「信頼」から説明してみましょう。「自分を信頼できる」ということは、自分の判断や行動など、一〇〇%正しいとかたくなに思い込むことではありません。**思い通りの結果にならなかったとしても、自分の判断や行動に対して信頼をおけるかどうか、ということです。**これがないと、不安や混乱が続き、決められないのみならず、自分を非難する傾向が過剰に強まることもあります。

人や社会、更には将来に対しての信頼、ということも大切です。全ての人や事柄に対して、全面的に信頼をするということではありません。「信頼できない人もいるけど、信頼できる人もいる」「あの人のこの部分は信頼できる」などと、現実的にとらえられている、ということが大切でしょう。これがないと、人や社会に対して、関わることを恐れて関係を避けてしまったり、過剰に反応してしまったりします。

自分の中に、信頼感を育てていこうと取り組んでいる人は少なくありません。この本でも、優香さん、美羽さん、陽子さんはそれぞれ、現状を何とかしたい、何とか改善すべく成長したい、という思いを強く持っています。その「何とかしたい」という思いを自分自身で信頼することが、信頼感を育てる第一歩となるでしょう。少し補足しておきますが、このように信頼感を育てようとする過程では、何を信頼していいのか過敏に反応することも多くあります。信頼してもよいことまで疑ってしまい、信頼の芽を摘んでしまうことがありますので、注意が必要です。

次は、「価値」について述べます。「自分には価値がある」と思えていることは、自分を大切にするために、必須のこととも言えるでしょう。**価値があるということは、よい／悪い、正しい／間違っているといった白黒思考に陥らずに、「いろいろな面はあるけど、こんな自分でもいいんだよ」、とやわらかく思えることです。**これがないと、「自分を大切にする」こともできないし、それどころか自分は悪い、問題だ、不幸がお似合いだ、といった気持ちになってしまいます。

人や社会に対して、価値を感じられるということは、それらに対して現実的で一定の配慮を持てることを意味します。人と接する時、特に相手に価値を見出せない時には、相手をさげすんだり、恨みを感じたり、皮肉っぽい感情を持ってしまいます。相手にやさしくなれず、そんな自分に傷つきながら、人のことも傷つけてしまうことも少なくないのです。

人も社会も完璧ではありませんが、だからといって価値がない、というのは極端です。自分も相手も、そして社会も、お互い様で成り立っている、というバランスが大切なのです。そのような姿勢を保てるからこそ、嫌なものに対しても過敏になりすぎずに、「嫌」と穏やかに言えるのです。

最後に「親密さ」について述べます。**〝ネガティブになった気分を自分でなだめることができる〟場合には、自分と親密な関係を築けているということです。働いている人たちの間では、「セルフケア」という言葉がメンタルヘルスの取り組みとして語られることが多いのですが、まさに何かしらダメージを受けた自分のケアを自分でできる、そして適切に人の援助も求めることができる、ということとつながっています。**

既に述べてきたことでもありますが、人とつながりたいと思うことは、人間の基本的欲求です。人との親密さとは、異性との関係における親密さに限定するものではありません。家族、友達、同僚、先輩、後輩、仲間、近しい関係も少し形式的な関係もありますが、親しい人と時間を共有することは、とても大切な心の栄養となり、心を潤すのです。人と親密になることができずに、心に栄養が届きにくくなってしまっている人をよく見かけます。実際の夫婦や恋人といった、一般的に親密な関係と思われる人たちの間でも、時間をかけてお互いの親密さを本当に深めていこうと取り組む人たちもいます。

人との関係で傷つき、親密になる気持ちがダメージを受けていると、実際には親密な人間関係の中でも、そのつながりをしっかり感じ取れずに、孤独感が強まってしまうので、やはりケアが必要となります。

信頼・価値・親密さのバランス

自分のことを大切にしている状況を、より具体的にイメージしてもらうために、信頼・価値・親密さ、といった三側面から書いてみました。

これらの側面は、私たちの生活に絶えず一定の影響を与えています。どの側面についても、一〇〇%できているから大丈夫、とは言いきることは難しいでしょう。それ故に、その時、その場所で適切な分だけ信頼し、価値をおけて、親密に関われるというような、バランスが必要になるのです。

そのバランスについて、次の項で、「やわらかさ」という視点で述べてみたいと思います。

Column
9 うつ病からの回復への道筋

カウンセリングで、うつ病で休職中の人たちとお会いすることがあります。聞いてみると、「病院に行っています（薬を飲んでいます）」。「できるだけ休んでいます。そして、早く元気になって仕事に戻りたい」とのこと。「何が発症のきっかけだったのかな」と質問をすると、人間関係や仕事量などが挙げられます。

更に、苦しい体験を丁寧に整理していくと、仕事量が過多になっていたが、訴えることができなかった。仕事で苦手な人のことを四六時中考えてしまい、仕事に関係なく自分が参ってしまった、などと、個人の反応パターンが明らかになります。うつ病につながる抑うつ気分がどのように固定されてしまっているのか、そのパターンは人の性格と同じで一人一人違います。

うつ病のことを、時に骨折にたとえて話すことがあります。骨折を放っておくのではなく、専門家による治療が必要、つまり通院やカウンセリングに通う。痛いんだから、動かさない、つまり休む。回復には一定の時間がかかる。回復しても、筋肉も落ちているから少しずつ鍛えなおす。つまりメンタルもストレス耐性を回復させるべく、負荷を与えて鍛えないといけない。更には、怪我をしやすい人は体の動かし方を工夫し練習する。つまり、心の動かし方や行動の特徴を工夫し練習する。

取り組みのイメージがわかない時には、回復に向けた流れを知るためにも、専門家にコンサルテーションを求めるのは有効でしょう。

やわらかさ、を意識する

硬さ、やわらかさ、曖昧さ

私は、ある時からカウンセラーとしての自分の取り組みを、「人が自らの心を和らげようとすることのお手伝い」だと考えるようになりました。

その取り組みの中では、「やわらかさ」を大切にしています。「やわらかさ」を考える時、一方の端には、「硬さ」があります。そしてもう一方の端には、曖昧さがあります。

心がカチコチの硬い状態だと、自分や他者をその硬い角で傷つけてしまうことがあります。ただ、硬さを全て否定しているわけではありません。何か変革しなければならない時や、何とかして突破しなければならないことを前にして、硬さが必要な時もあります。ただ、普段はやわらかいけど硬くもなれる、ということと、硬くてやわらかくなれない、というのは随分と違うと思います。

自分のことを大切にしたいから、ここは譲らないよ、という硬さも時には大切なことですね。

一方、その逆で、やわらかさを通り越して、形をとどめていないような状態、それをここでは曖昧さと呼んでみました。もうどうでもよくなって、「自分のことを大切にする」ことにも意味を見出さない、というところまでいっている状態とも言えるでしょう。

心の中のバランスを意識し、調整する

前項で述べた、価値や信頼、親密さなども、やわらかさのバランスがとても大切です。自分だけに価値がある、相手だけに価値がある、というのはどちらも極端な考えですよね。自分にも価値はあるけど、相手にも価値はあるよね。時には自分の発想の方が優れていて、価値が高いと思えたり、反対に相手の方が優れていると思えること

もあるでしょう。一方を立てたらもう一方が立たない、という偏ったものではなく、行ったり来たりして揺れながらのバランスを取っているものなのです。信頼や、親密さについても同様だと思います。

このバランスは、人によって異なる、自分の中でも精神状態によって変化するということも、ポイントでしょう。ものの感じ方も好きなものも、当然のように人によって異なります。自分とは相性が合うと感じる人もいれば、合わないと感じる人もいます。人により、何が心の栄養になるかは異なるのです。

この揺れる中でのバランスを意識し、調整し続けていくことは、人の心の成長ともつながります。心が成長していくにつれて、心はより様々なものから栄養を受け取ることができるようになっていったり、以前と同じものに対してもより豊かな受け止め方ができるようになることで、より沢山の栄養を受け取ることができるようになっていくようです。人の心が成長していく姿を、日々のカウンセリングの中で見させていただいています。

「やわらかくなる」ということについて、注意すべきポイントを紹介しましょう。

「やわらかくなる」ことを、自分の好みや価値観を変えていかなければならない、というように誤解する人がいます。また、「やわらかくなる」ということは、自分をいい加減にすることにつながるのではないかと、不安になる人もいます。

そうではなく、**自分の好み、価値観を大切に保ちながら、現状が一〇〇％満足できる状態でないことを問題視しすぎず、人に要求しすぎず、適度に思いを伝えて共有し合ったり、穏やかにやわらかく受け止めたりするということなのです。**

取り組みには波もある

調子の波はお約束

調子が悪い時があるのは普通のことです。調子が悪くても、しなければならないことはそれなりにできるように、調子のよし悪しに振り回されすぎないことを目指したいものです。

人の体調も、心の調子も、波のように変化し続けています。身体を鍛えようと筋トレに励んでいる人は、最初は取り組みに応じた成長を実感するものですが、一定のところで成長が止まったかのように感じる「プラトー状態」と呼ばれる状態になります。取り組みを続けているのに、変化しない、というのは精神的にはつらいものです。でも、そこで踏みとどまることは大切です。時には、途中で病気になってしばらく筋トレができなくなり、せっかく鍛えてきた筋力が落ち、それまでよりも後退してしまうということもあります。

私たちは、取り組みの中で成長を実感できたり、時には後退を感じたり、更には取り組みの成果が見えない時期などもいろいろと体験します。人の調子の波は、一日、数週間単位で見えるものから、年単位で見える大きな波まで様々にあるのです。

どんなにがんばって取り組んでも、期待していたものとは違った結果が出てくることもあります。予想していた期待通りの結果が手に入らない時に、予想したこと自体が間違っていたのではないか、と考えてしまうかもしれません。

そのような時には、一息入れ、ちょっと止まって、その状況を丁寧に見つめてみてください。予定通りでないことは、必ずしも失敗を意味しているのではありません。それは、今まで気づかなかったこと、あるいは思いもよらなかった新たな視点など、何らかの気づきを私たちに届けてくれているのかもしれません。それは、自分についてのことかもしれませんし、人や社会についての新しい気づきなのかもしれません。

取り組みを長く続けるコツ

昔からいろいろ取り組んできているのに、なかなか問題がすっきり解決していない、という人たちに、しばしば共通するパターンが二つあります。**一つ目は、すでに述べてきたように、取り組みは右肩上がりにいつも順調にいくのではなく、波があります。そしてうまくいかないと感じることに耐えられずに、それまでの取り組みを全て失敗として捨て去ってしまう、という人を見かけます。**

「賽《さい》の河原」の言い伝えを聞いたことがある人も多いでしょう。親より先に亡くなった子供が、親の供養として石を積んで塔を作ることを課されるのだけれども、完成が近くなると鬼に積んだ石を吹き飛ばされてしまう、という話です。自分で一生懸命積み上げたものを、鬼ではなく（もしかすると心の中の鬼かもしれませんが）、自分で突き崩してしまう、ということもあるのかなと思います。

二つ目は、取り組みが進むにつれて、心のクセなども、より見つけやすくなっていくことと関係しています。**クセを見つけることがうまくなることで、細かくクセに気がつき、あれもこうしたい、これもこうしたい、となってしまいます。気がついたらあちらこちらに手を付けたものの、どれも中途半端なままで、状況の改善には至っていない、というものです。**この章の最初で、問題となっている心のクセを一つだけ選ぶこと、と述べましたが、一定の期間は一つのクセに絞って取り組むほうがよいでしょう。選ぶクセが適切なものか分からなければ、カウンセラーなどの第三者に客観的なアドバイスをもらうのも一案でしょう。

取り組みをしてみて、うまくいかないことは、自分がダメとか、元に戻ってしまった、ということではありません。時に、「もうダメ」という思いに押されてしまうこともあるかもしれませんが、今まで何度もそのような思いに圧倒されても、ちゃんと回復できていることを思い出しましょう。「もうダメ」と考えてしまう時は、少し休憩して、リラックスし、次のステップのためのエネルギーを溜めていると考えてもよいでしょう。

否定的な気分の火に油を注いで、自分の取り組みをなかったことにしないように、注意しましょう。

嫌いなもの、人がいるのも自然なこと

好き嫌いがあってもいい

自分を大切にする取り組みはよいのですが、その過程で時々、少し気になる考えに出合います。「自分のことを嫌っている人がいなくなる」「全ての人を好きになれる」ことができると、自分を好きになれる、といったものです。そのような考えは現実的に可能なことなのかどうか、考えてみましょう。達成不可能な条件を、自分に課している、ということになりますよね。

確かに、嫌いなことや苦手な人の存在は、心に引っかかり不快なものです。

ただ、そのような嫌いなもの、不快なものがあることは、決して不自然なことではありません。ちょっと視点を変えてみましょう。嫌いな食べ物のことを考えると、よ

り分かりやすいのではないでしょうか。自分の嫌いな食べ物を思い浮かべてみてください。嫌いな食べ物があることが、自分の生活にどのような影響を及ぼしているでしょうか。

好き嫌いがあるのは自然なことです。嫌いな食べ物が出された時、その場面によって対応は違うでしょう。ちょっと公式な場では我慢して何食わぬ顔で食べていたり、さりげなく避けたりするかもしれません。家に帰ってから、「がんばって食べたんだよ」と努力を訴えることもあるかもしれません。仕事帰りの友人との食事などといった気兼ねのない付き合いの中では、さりげなく「苦手なんだよね」と相手に伝えることもあるでしょう。人はその状況に応じて、様々な対応をして、嫌いなものともうまく距離を測って付き合っているのです。

嫌いな人とは一線を引く

嫌いな人やものとは、上手に線を引いて適切に距離を取るスキルを持つことは大切です。嫌なことに対して線を引くこと、できるだけネガティブな感情に引きずられないように、上手に断ることは、大切なスキルです。また、逆の立場で相手に「うまく線を引かれておく」ことも、あわせて大切なスキルなのです。

嫌だからといって、強く「嫌」と主張しすぎて後悔することもよく耳にすることです。人から自分のあることについて「嫌」と言われた時、その「嫌」が自分の中で大きくなってしまい、全面的に自己否定された気持ちになってしまう人もいます。六三頁のコラムで「境界線」について書かせていただきましたが、**うまく距離を取り、線を引いたり、引かれたりするスキルを高めたいですね。**

時々、お互いに嫌だと思っているのに、それを表面に出さずうまく距離をとって険悪にならないようにしている人たちを見かけます。そういった例を見て、「私にはできない」と考えずに、どのような言い回しをしているのかな、どのような態度で伝えようとしているのかな、と観察して、最初は真似してみる、ぐらいから練習するのも、よいステップとなるでしょう。

Column

10 人間関係から学べること

人は、生まれてから他人の助けなしには生きていけないものですが、残念ながら適切な手助けを体験したことがない人もいます。虐待のような被害体験は、人からの援助を素直に受け取る力を損なわせます。それ故に、虐待を受けた人の援助は時間もかかり、支援される側もする側も、決して楽なものではないのです。

虐待などは極端な例で、誰もがそのような体験をするわけではありませんが、人からの援助を受けることがうまくできず、自分の存在を否定的に感じている人にとって、社会生活を送ることは、かなり力のいることです。

たまたま、とても親身になってくれる人に支えられている間は、本来以上に自分の力を発揮できたとしても、一旦そのような人がいなくなると、不安定になり、否定感情や被害感情にさいなまれて、そこに居場所を見出せなくなるかもしれません。自分の居場所を求めて他の場所に移ったとしても、同じようなことが繰り返されるかもしれません。

この本でも書いたように、人間関係はその人の心の中にある対人経験を繰り返すのです。それ故に、自分の中の対人関係で現実的に、よいものを喜び、嫌なものを残念に思い、苦手なことにもチャレンジする勇気と、失敗からも学ぶたくましさを、学び続ける必要があるのです。この学びは、大人になってもずっと続き、より大きく広くしていける可能性があるものなのです。

「今でしょ」。そして三年後に向かって

勇気を出して、できることから

有名な学習塾講師の「今でしょ」というセリフ、皆さんも耳にしたことがあるでしょう。

あれ、実は結構大切なメッセージです。私たちは基本的に、何とかしたいことを先送りしがちです。何とかしたいことに取り組むということは、「嫌なことに向き合う」「避けたい感情体験を再体験する」といった不快さを伴うことも少なくありません。

自分を追い詰めず、ちゃんと準備して、手助けしてくれる人の存在を感じながら、〝今〟勇気を出してできることから始めたいですね。

「自分のことを大切にする」ことより、先に沢山求められていることがある、という人も、多いのかもしれません。

この本で述べてきたことは、心が求めているものをうまく届ける、届けやすくなる状態を作る、ということです。

この取り組みを先延ばしにすると、いつしか心がカラカラになり、ささくれ立ってしまいます。厳しい環境でこそタフになれる、と主張する人もいます。しかし、過去に十分に潤った体験を持っていない場合、本当に厳しい環境でタフな状態を続けられず、満たされない中での「あきらめ」に陥ります。その結果、無気力な日々を送るか、そんな自分を跳ね返そうと反発するかのように、投げやりな日々を送るようになってしまいます。

自分のことを大切にすることを最優先し、人や社会に求められることには一切応えない、というのは現実的ではないでしょう。実際に、日々の活動は、様々忙しいものでしょう。そんな中でも極端になりやすい心のクセにとらわれず、時折、自分の心に栄養を与えられるようになりたいものです。

三年後の自分をイメージする

あのこと、やらなくちゃならないのに、先送りしているな。そんなこともいくつか思い浮かぶものでしょう。この本が、皆さんの取り組みへの背中を押す一つとして役立てばよいな、と思っています。

最後に、もう一つ。皆さんが考えている取り組みを進めることで、三年後はどうなっているか、イメージしてみてください。 その取り組みを続けているでしょうか。すでに、意識せずとも身についている、というレベルに到達しているでしょうか。最初の取り組みからステップアップし、より力の抜けたステップに進んでいるかもしれません。

具体的な問題解決に追われているのではなく、日々の幸せを感じる、ということを丁寧に進めているかもしれません。問題解決に追われながらも、心が潤っている状態でいられているかもしれません。

今の取り組みを、三年後も続けていかないとならないということではありません。三年後のイメージが浮かばないという人も、自分の心が喜んでいること、心が潤っていることから想像してみましょう。何が取り組みの邪魔をしているのかも見えてきます。この本を通してお伝えしてきたように、心を見つめ、感じ、自分を大切にするステップを一歩ずつ進めていきましょう。

エピローグ…３人の３か月後
あ 新しいプロジェクト …ですか!?
新年度の企画の立ち上げ
ぜひ 水沢くんに任せたいと上から話があってな
期待してるぞ！
わあっ
水沢さんおめでと！
がんばってね!!
せんぱい すご～い!!
あわあわ
う 嬉しいけど～ 私で大丈夫かしら
何言ってるのよ
優香がすごいことも がんばってることも みんな知ってるから 自信を持ちなさい！
うんうん

ありがとう!!
がんばります!
今日は「いいね」一つじゃ足りないかも!!
旅行ガ
でね この水族館行きたいって言ってたでしょ?
ここで寄って…
その後 私は ここのミュージアムが見たいんだけど…
いいよ
? 何?
じー…
いや 美羽ちょっと変わった?
旅行ガイド
えっ 私…変?
いや 悪い意味じゃなく いいなって話

旅行行かない？
旅行ガイド
自分から連休に旅行行かない？って誘ってくれたし
そのプランも色々調べてちゃんと考えてくれてるし
旅館はここがいいかも…
俺にも気を遣ってくれながら
自分の意見も言ってくれるようになったよね
お刺身好きでしょここおいしいんだって！
それに最近自分の気持ちを素直に表現してくれるから
美羽のことが近く感じられて嬉しいよ
一緒にいるのがもっと楽しくなった
えへへへ
私も楽しい
前よりずっと気持ちが楽になったし
だんだん前向きになれてる気がする
楽しみだね旅行
うん！
旅行だけじゃなくてこれからのこと色々楽しみ！

お疲れさま～
最近
日野さん
感じいい
ですよね～
オレなんて
何度怒鳴られた
ことか…
キレやすく
なくなったしね
前は離婚秒読み
なんて言ってたけど
家族仲も
よくなったみたい
ですよ
おまたせー
ママ
あの強気さだけは
健在だけどね～
いい意味で
なんて言うか…
バランスが
よくなった感じ
こら!!
夕飯までに
部屋片付けなさいって
言ったでしょ!

はっ
いっけない！
つい感情をぶつけちゃった…！
も
も～
おこられる…
すぐに片付けたら明日のおやつにプリン作ってあげるのにな～
!?
ママのプリン大好き！
よーしじゃあがんばって片付けよっか！
なにを～？
ママさいきんやさしいかも！
ただいま～
どうしたの？楽しそうだね
おみやげあるよ～
ドタバタ
おかえりなさーい！

あとがき

最後まで読んでくださった皆さん、ありがとうございました。

「私の性格はこうだから……」とずっと思い込んでいて、自分を変えられない、変わるなんて思いもしない、という人に向けて、「人って変わっていくんだよ」、ということをお伝えしたいと思い、書き進めてきました。

本書のテーマは、「自分を大切にする」ことで、三人の登場人物の取り組みを見てもらいました。その三人はそれぞれに自分の心の動きを見て、ものの見方や行動の工夫に取り組みながら、成長していきました。その姿が、皆さんの取り組みのイメージに役に立てていただけるのであれば、本当に嬉しく思います。

私の所属している東京メンタルヘルス・カウンセリングセンターには、精神疾患の改善のために医療機関などから紹介されてくる人たち、うつ病などの不調で休職中の人たちなど、様々な方がいらっしゃいます。その症状や現状を変えたいといらっしゃる方々です。また、疾患というレベルではないものの、人間関係上の対応を含め、自分の性格を何とか変えたい、という訴えを携えて来る方たちも多くいらっしゃいます。実際の対人関係、その受け止め方や人に対する感じ方などは「変えたいけど、変えられないから仕方ない」と思い、現状を受け入れながら生活している人のほうが、圧倒的に多いと思います。

情緒的な、つまり性格的な課題について私は、「性格は変わらない部分も多いよ。だけど、性格に振り回されないようには、取り組み次第でなれる」などとお伝えしながら、一緒に取り組んでいきます。

相談の回数は、コラムに書いたうつ病治療のコンサルテーション的なものであれば一～数回で終わりますし、過去の長い被害体験についてしっかり見つめていく過程では、一〇〇回を超えて取り組む場合もあります。多くは一〇回程度で変化を確認することができる感触を持っています。

私は、対人支援の世界から心理療法の世界に入り、気がつくと長く鍛えていただき、現在所属している東京メンタルヘルス・カウンセリングセンターでの活動、医療機関での活動、企業や団体における様々な活動などを通して、多くの人たちと会う機会をいただいてきました。

コラムでも少し書きましたが、この領域の支援では、私のような心理士（カウンセラー）が、これがよい、といった主観で支援を行っているのではありません。沢山の研究者、熟練の臨床家や理論家が、症状や問題に応じてどのような支援がより有効なのかを検討し、支援ガイドラインが作られてきています。そしてそれは、日々改善されています。

日本では、ようやく心理士が国家資格となることが決まり、今後、具体的に進む段階になってきました。誠実にこの仕事を続けようとしている人たちは、沢山の積み重ねられた知見を学び、身につけるべくトレーニングを繰り返します。その取り組みの中で、自分なりの体験も少しずつ加味されていき、そしてまた基本に戻る。そんなことを繰り返しています。スクールカウンセラーなどは、身近な存在になりつつありますが、経済の専門家、法律の専門家、医学の専門家がいるように、心理学の専門家も気軽に利用してもらえるような社会になればよいな、と思っています。

今まで、沢山の先生方や先輩たち、仲間、様々な環境で使命感を持って働いておられる方々、更には私の家族や友人たちに支えられ、いろいろな体験をし、学びを重ねて来ることができました。そして沢山のクライエントさんたちに教わったこともあります。それら全てがこの本につながってきています。

この本は、「自分を愛することができれば、もっと人は楽になれて、心を安定させられるのでしょうか」という清流出版の編集者、秋篠貴子さんからの問いかけから始まりました。そして、それをきっかけに、漫画では熊アート・丸橋加奈さん、デザインでは小口翔平さんはじめtobufuneの方々にご尽力をいただきました。このような形で、世に出せるものになったことに、力を合わせることができて、嬉しく、ありがたく思います。特に、秋篠さんには、細かいチェックなど、丁寧に進めていただきました。ありがとうございました。

平成二十九年四月　玉井　仁

「あなたのための」ワークシート

本書に出てきた、状況確認シート、
感情記録シートに記入ができます。
取り組みのワークシートも
お役立てください。

あなたの状況確認シート

ネガティブな感情を記録するシート

日時	出来事	気分・感情	考え	行動他
月　日				
月　日				
月　日				
月　日				

あなたのための「取り組み」ワークシート

● 今、取り組みたい問題、解決したい問題は…？

（ex.自分のしていることにいつも不安を感じてしまう）

● 解決に向けた取り組み計画をイメージしましょう。

（ex.自分へのダメ出しをせず、「いいね」を確認する）

取り組みの注意ポイント

- ・私には無理と限界を決めず、自由に発想する（発散）
- ・一度に解決に辿りつかない計画は、スモールステップに分ける
- ・現実的な取り組みを計画する（収束）

● 計画した取り組みは現実的ですか？

（完全にできる／意味がある…10点、全くできない／意味がない…0点）

取り組みができそう　　点　　意味があると思える　　点

● 取り組みにつまづきそうなときは…？

（ex.過去、不安にとらわれて何事もなく終わったことを思い出してOKとする等）

● 取り組みを続けた3か月後の自分の姿をできるだけ詳しく、具体的にイメージして描いてみて下さい。

（このイメージがしっかりできる程、取り組みの力は増します。）

漫画　丸橋加奈（熊アート）
ブックデザイン　小口翔平 ＋ 三森健太 ＋ 山之口正和（tobufune）

玉井 仁（たまい・ひとし）

東京メンタルヘルス・カウンセリングセンター長。臨床心理士。精神保健福祉士。ロンドン大学ユニバーシティ・カレッジ・ロンドン卒業。現NPO法人青少年自立援助センター立ち上げスタッフとして勤務後、立正大学大学院（臨床心理学）修了。公的機関にて教育相談員として勤務の後、CIAP（嗜癖問題研究所付属相談室）相談員、IFF（家族機能研究所）セラピスト・室長を経て現職。学会発表・論文発表も精力的に行ないながら、大学での指導も行なっている。著書に『マンガでやさしくわかる認知行動療法』（日本能率協会マネジメントセンター）、共編著に『ここがコツ！実践カウンセリングのエッセンス』（日本文化科学社）、訳書に『わかりやすい認知療法』（二瓶社）などがある。

東京メンタルヘルス・カウンセリングセンター
住所：〒171-0021 東京都豊島区西池袋2-39-8 ローズベイ池袋ビル3階
お問い合わせ先：電話03-3986-3475
メール：tmcc@mentalhealth.jp
ホームページ：http://mentalhealth.jp/
フェイスブック「東京メンタルヘルス」：https://ja-jp.facebook.com/TokyoMentalhealth/

自分に「いいね!」が
できるようになる本

2017年4月27日　初版第1刷発行

著者　玉井 仁

発行者　藤木健太郎
発行所　清流出版株式会社
101-0051
東京都千代田区神田神保町3-7-1
電話　03-3288-5405
ホームページ　http://www.seiryupub.co.jp/

編集担当　秋篠貴子
印刷・製本　図書印刷株式会社

乱丁・落丁本はお取替えいたします。
ISBN978-4-86029-461-8